竞争者构成的
间接连接与
企业创新

王 宁 ◎ 著

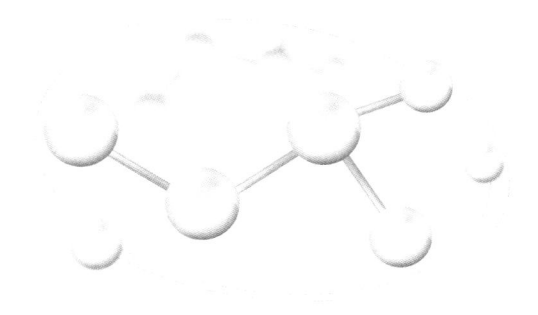

Indirect Ties to
Competitors and
Firm Innovation

上海财经大学出版社

上海学术·经济学出版中心

图书在版编目(CIP)数据

竞争者构成的间接连接与企业创新／王宁著．
上海：上海财经大学出版社，2025.6． -- ISBN 978-7
-5642-4723-2

Ⅰ．F276.4；F273.1

中国国家版本馆 CIP 数据核字第 2025S22X11 号

本书受作者王宁主持的国家自然科学基金项目"研发战略联盟网络中竞争者构成的间接连接对企业创新的作用机理与负面效应及其对企业结盟战略的影响研究"(项目批准号：71802129)资助，是该项目的阶段性成果

□ 责任编辑　施春杰
□ 封面设计　贺加贝

竞争者构成的间接连接与企业创新

王　宁　著

上海财经大学出版社出版发行
（上海市中山北一路 369 号　邮编 200083）
网　　址：http://www.sufep.com
电子邮箱：webmaster @ sufep.com
全国新华书店经销
上海颛辉印刷厂有限公司印刷装订
2025 年 6 月第 1 版　2025 年 6 月第 1 次印刷

890mm×1240mm　1/32　5.75 印张(插页:2)　127 千字
定价：48.00 元

序　言

近年来,上海市提出并持续落实"以科技创新引领产业创新,重点发展集成电路、生物医药、人工智能三大先导产业"这一政策。作为其中之一的上海生物医药产业凭借政策扶持、产业集群、人才优势和国际化布局,已成为全国乃至全球的重要创新高地。未来,随着"市区协同"千亿级产业集群的深化和人工智能等新技术的融合,上海生物医药产业的发展潜力将进一步释放。依托这一背景,本书聚焦于生物医药企业的创新价值链与创新网络研究,旨在为提升医药企业的创新能力和发展上海生物医药产业提供政策性建议。

目前,上海生物医药行业发展态势良好,截至 2023 年产业规模达到 9 337 亿元;共有 3 224 家生物医药相关企业,其中上市公司 36 家;生物医药从业人员约 28 万人,其中科研人员约 8 万人。上海已经形成完整的生物医药产业链,覆盖"研发—临床—制造—应用"全链条的创新体系和产业生态群,产业链上下游企业逾 8 万家。在研发方面,张江科学城集聚超过 1 400 家生物医药企业,承担全国超 30% 的一类新药研发,在研一类新药中约有 10% 开展全球多中心临床试验。张江也布局了基因治疗、细胞治疗、AI药物设计等前沿领域,形成国际领先的创新药研发集群。同时,生物医药企业与复旦大学、上海交通大学等顶尖高校及中科院上海药物所等科研机构合作,形成"产、学、研、医"一体化模式。在制造方面,上海推出"张江研发＋上海制造"模式。上海其他区域为研发成果提供产业化落地的空间,承接张江的研发成果进行生产制造。例如,迪赛诺受托生产华领医药研发的新药华堂宁,是"张江研发＋上海制造"的典型代表。在临床与应用方面,上海拥有36家市级三甲医院和54家临床试验机构,支持新药快速进入临床阶段。例如,浦东新区生物医药临床试验批件数量占全国近1/3。上海生物医药产业链以张江为创新策源核心,通过全链条协同和生态要素聚合,正加速迈向世界级产业集群。2019年至2024年7月底,上海一类国产创新药累计获批24个,位居全国前列,并有多款全球首研新药。2019—2023年中国6款获FDA批准上市的创新药中,有2款来自上海。

上海生物医药行业取得了辉煌的发展,但在创新方面也面临着诸多挑战。首先,原始创新能力薄弱,多数企业依赖跟随式创新,同质化竞争严重。上海乃至全国生物医药企业多集中于PD‐1、CAR‐T等热门赛道,而基因编辑、AI＋医药等前沿领域布局不足,导致同质化竞争激烈。其次,研发投入不足,创新管线薄弱。例如,瑞士罗氏2023年研发投入超150亿美元,而上海主要药企总投入仅约400亿元人民币。此外,全球在研新药中美国占50%,欧洲占40%,中国仅占3%。最后,上海缺乏具有全球竞争力的龙头企业,难以带动中小创新企业协同发展。例如,上海医药作为国内的大型医药公司,2023年营收达2 602.95亿元。相比之下,国际巨头如强生、诺华等年营收超千亿美元,利润规模更是远超上海医药。面对上述挑战,上海市近年来陆续发布《上海市加快合成生物创新策

源 打造高端生物制造产业集群行动方案(2023—2025年)》《关于支持生物医药产业全链条创新发展的若干意见》等多项政策,为生物医药行业的发展提供了良好的政策环境。这些重要政策旨在通过"技术＋产业＋生态"三位一体布局,推动生物医药行业发展,重点聚焦全链条创新、国际化合作和生态优化,将上海打造为全球合成生物技术研发与高端制造的核心枢纽,助力中国在生物经济竞争中占据领先地位。

生物医药行业是典型的高科技行业,而高科技行业中企业的核心竞争力则是其创新能力。但是,创新就其本质而言,具有高度不确定性。为避免创新失败,对企业创新战略的理论研究尤为迫切。只有在理论上厘清创新的规律,才能有助于企业在创新实践中取得成功。一般而言,为发展创新能力,企业主要创新战略之一就是依赖企业内部资源的封闭式创新。然而,随着生物制药技术的兴起与发展,在生物医药行业中成立了大量的小型生物技术公司。这些新成立的创新企业,虽然掌握尖端生物技术,但是规模小、资金少且研发能力主要集中于药品研发的前期阶段,缺乏通过监管机构认证和产品市场化所需的药品后期研发能力。与此同时,数量虽少但财力雄厚且历史悠久的大型医药公司尽管在面对飞速发展的生物制药技术时反应滞后,却牢牢掌控着药品后期研发的核心能力。以往研究发现,由于小型生物技术公司尚未发展壮大,大型医药公司仍亟须学习与掌握新兴的生物制药技术,故上述两类企业因彼此互补而选择成立企业研发联盟。因此,生物医药行业的创新战略逐渐演化为封闭式创新与开放式创新并重的二元创新战略。

作为开放式创新战略的方式之一,生物医药企业自身及其联盟对象经由建立企业研发联盟所构成的创新网络以其独特的方式影响着企业的创新能力与创新产出。因此,本书从生物医药行业价值链的视角出发,深入探讨在创新网络中的医药企业与竞争对手间接连接这一情形如何影响其创新能力和创新产出。在此基础上,本书进一步研究了处于企业与竞争对手之间的中介如何发挥其特殊的影响,以及竞争者构成的间接连接如何影响企业的结盟战略。综上所述,本书的研究成果可服务于优化生物医药企业的创新战略并为提升其创新能力提供政策性建议,进而为上海生物医药产业的长远发展贡献绵薄之力。

  本书的章节结构如下:第一章介绍生物医药行业的发展历程与创新价值链,该行业的两类企业即大型医药公司和小型生物技术公司以及它们之间的合作;第二章阐述开放式创新与企业研发联盟、创新网络及其如何影响企业创新;第三章解析在创新网络中企业与其竞争对手直接或者间接连接对企业创新所产生的可能影响以及企业可以采用的联盟治理机制;第四章采用实证研究方式,从生物医药行业创新价值链的视角出发,探究竞争者构成的间接连接如何影响企业不同类型的创新产出;第五章采用实证研究方式,探讨处于企业与竞争对手之间的中介如何影响竞争者构成的间接连接与企业创新产出之间的关系;第六章在上述研究的基础上,采用实证研究方式,深入探究竞争者构成的间接连接如何影响企业的结盟战略。

王宁

2025 年 5 月

目 录

第 1 章

■ 生物医药行业的创新价值链与生物医药企业 / 001

1.1 生物医药行业的发展历程 / 002

1.2 生物医药行业的创新价值链 / 005

1.3 大型医药公司 / 009

1.4 小型生物技术公司 / 012

1.5 小型生物技术公司与大学等研究机构的合作 / 018

1.6 小型生物技术公司与大型医药公司的合作 / 023

第 2 章

■ 研发联盟、创新网络与企业创新 / 028

2.1 开放式创新概述 / 028

2.2 企业研发联盟 / 034

2.3 创新网络 / 037

2.4 创新网络与企业创新 / 041

第 3 章

创新网络中的竞争对手与联盟治理机制 / 054

3.1 与竞争对手的直接连接 / 054

3.2 与竞争对手的间接连接 / 057

3.3 联盟治理机制 / 062

第 4 章

竞争者构成的间接连接与企业创新产出 / 072

4.1 引言 / 072

4.2 理论背景和研究假说 / 076

4.3 研究方法 / 082

4.4 实证结果 / 092

4.5 研究结论 / 097

第 5 章

中介对竞争者构成的间接连接与企业创新关系的影响 / 102

5.1 引言 / 102

5.2 理论背景与研究假说 / 106

5.3 研究方法 / 110

5.4 实证结果 / 119

5.5 研究结论 / 125

第 6 章

■ 竞争者构成的间接连接对企业选择重复型结盟战略的影响 / **127**

  6.1 引言 / 127

  6.2 理论背景与研究假说 / 130

  6.3 研究方法 / 133

  6.4 实证结果 / 139

  6.5 研究结论 / 143

■ 结 语 / **146**

■ 参考文献 / **150**

第 1 章

生物医药行业的创新价值链与生物医药企业

生物制药技术是指利用生物体如细菌、酵母或动物细胞等来研制与生产复杂药物产品的技术。生物制药技术源于 20 世纪生物科技领域内的革命性进步,这些进步从根本上改变了药物的研发和生产方式,从而诞生了生物医药行业。目前,生物制药技术所生产的最主要产品是蛋白质。这一突破性的人类蛋白质生产技术,如今已经发展成一个创造了数百种挽救生命和提高生活质量的治疗方法的产业。这些治疗方法包括血浆制品、抗生素、重组蛋白、单克隆抗体、抗体药物联合物以及各种类型的疫苗。最新一代的生物医药制剂(如单克隆抗体和其他重组蛋白)为从癌症到罕见遗传病、自身免疫性疾病等重大疾病提供了一种高效、精确的药物。随着生物制药技术的不断发展,包括基因工程、生物制药、基因治疗、分子生物学和合成生物学等在内的诸多生物技术共同致力于研发新药物和开创新疗法。如今,我们能够越来越接近个性化医疗方法,也就是快速且经济高效地测试患者并为他们创造性地定制医疗方案。本章下文将介绍生物医药行业的发展历程、创新价值链和生物医药企业。

1.1 生物医药行业的发展历程[①]

生物技术植根于对生物过程的基本理解,但直到20世纪,尤其是最近几十年,它才成为药物开发的驱动力。在20世纪中叶之前,虽然生物技术作为一个正式的领域并不存在,但一些重要发现为现代生物技术及其药物研发奠定了基础。早在古代,人类文明就以发酵的形式生产面包、啤酒和葡萄酒,从而利用生物技术造福人类。爱德华·詹纳在18世纪末开发的天花疫苗表明,利用生物有机体可以预防疾病。路易斯·巴斯德在19世纪对疫苗的研究则进一步确立了微生物生物学在医学中的重要性。20世纪20年代,弗雷德里克·班廷和查尔斯·贝斯特发现的胰岛素及其在糖尿病中的作用,为基于生物技术的治疗方法的发展铺平了道路。1953年,詹姆斯·沃森和弗朗西斯·克里克发现DNA的双螺旋结构是一个重大转折点,对于生物体遗传物质的理解为基因工程的未来发展奠定了基础。

20世纪70年代,赫伯特·博耶和斯坦利·科恩开发出了重组DNA技术。这项技术使科学家能够拼接来自不同生物体的基因,并将其插入细菌细胞中,然后细菌细胞可以产生胰岛素和生长激素等蛋

---

① 本小节主要参考《生物医药大时代》(胡明洞,2019)。

白质。利用重组 DNA 技术生产的第一个人类蛋白质就是胰岛素。与之前从猪和牛等动物胰腺中提取的胰岛素不同,生物制药技术通过编码胰岛素分子中的人类基因并整合到一个叫作质粒的 DNA 环中,然后将这个质粒插入大肠杆菌之中,最终由这一细菌合成人类胰岛素。这一方式生产的胰岛素对糖尿病患者更有效、更安全,它于 1982 年获得美国食品药品监督管理局(Food and Drug Administration,FDA)的批准。这是 FDA 批准的第一个生物制药产品,标志着生物医药行业的诞生。此外,生物技术也促进了激素和抗生素的生产。例如,用于治疗生长障碍和贫血等疾病的人类生长激素和促红细胞生成素是通过重组 DNA 技术生产的首批治疗性蛋白质之一。抗生素革命始于 20 世纪初,但生物技术优化了现有的抗生素,并通过基因技术发现新的抗生素,从而提高了它们的有效性。

20 世纪 80 年代和 90 年代是生物制药技术的黄金时代,因为医药行业开始采用基于生物技术的方法研发并生产药物。20 世纪 80 年代初,乔治·克勒和塞萨尔·米尔斯坦开发了第一种单克隆抗体,这是来自单个 B 细胞的相同抗体。单克隆抗体可以被改造成靶向与疾病有关的特定蛋白质。这一突破为治疗癌症、自身免疫性疾病和感染开辟了新的可能性。第一种单克隆抗体疗法 Orthoclone OKT3 于 1986 年获得 FDA 批准,用于治疗器官移植排斥反应。在接下来的几年里,单克隆抗体已成为治疗癌症、类风湿性关节炎甚至自身免疫性疾病的主要药物。与此同时,重组生物制药的研发和临床应用数量激增。生物制剂的生产——包括抗体、酶和激素在内的复杂蛋白质——成为主流;这些生物制剂比小分子药物具有更高的特异性,为靶向治疗打开了大门。

进入 21 世纪，在基因组学、蛋白质组学和系统生物学等领域爆炸式发展的推动下，生物技术进入了一个新阶段——个性化医疗。2003 年完成的人类基因组计划是一项巨大的科学成就，绘制了整个人类基因组图谱。这一图谱提供了关于遗传变异、突变和疾病易感性的大量新数据，使基于个人遗传特征的个性化医疗成为可能。例如，CRISPR-Cas9 基因编辑技术的进步提供了在分子水平上直接改变 DNA 的能力。这为治疗镰状细胞贫血和肌肉萎缩症等遗传性疾病创造了可能性，也为寻找以前无法治疗的其他疾病的治愈疗法铺平了道路。此外，嵌合抗原受体 T 细胞疗法涉及对患者自身的 T 细胞进行基因修饰，以识别和攻击癌症细胞。诸如 Kymriah 和 Yescarta 等获批的 CAR-T 细胞疗法在治疗某些血液系统癌症，如白血病和淋巴瘤方面具有开创性。不断发展的干细胞研究领域也开始显示出药物开发的前景。干细胞可用于在实验室中创建人体组织，使研究人员能够更准确、更有效地测试新药；基于干细胞的疗法还可以治疗脊髓损伤和某些癌症。

综上所述，生物技术革命深刻地影响了药物研发并改变了传统的制药方式，从而诞生了生物医药行业。从遗传学和分子生物学的早期突破到个性化医疗、生物制剂、基因疗法和人工智能驱动的药物研发，生物技术使高度靶向、有效和安全的治疗方法得以发展。随着生物技术的不断发展，它有可能解锁治疗疑难杂症或者遗传性疾病的新方法，并根据个体患者的遗传特征进行个性化治疗。药物开发的未来可能会由生物疗法、精准医学和其他尖端技术主导，这些技术使药物研发更快、更高效、更以患者为中心。

1.2 生物医药行业的创新价值链

创新是生物医药行业的基石。虽然创新过程极为复杂、耗时且成本昂贵，但对于开发治疗疾病的新药物和新疗法至关重要。创新价值链主要包括发现、开发、临床测试新药或疗法并将其推向市场等过程(Deore,2019;NG,2015)。以下将对生物医药行业创新价值链各关键阶段予以具体分析。

1.2.1 药物发现

药物发现是研发的初始阶段，科学家和研究人员在此阶段识别和验证可能成为潜在治疗方法的新靶点（通常是蛋白质或基因）。他们的目标是找到一种能够与已确定的靶标相互作用并帮助治疗疾病的物质。具体步骤如下：

首先，识别在疾病中起重要作用的分子靶点（通常是蛋白质、酶或基因）。这可能是致病因子（如病毒或细菌）与之相互作用的受体，也可能是参与疾病进展的功能失调的蛋白质。

其次，一旦确定了靶标，下一步就是筛选成千上万种的化合物或生物制剂，以找到与靶标有相互作用的化合物或生物制剂。这通常是通过高通量筛选完成的，在此过程中，对化学物质库中的大量化合物进行体外生物活性测试。经过筛选，研究人员鉴定出具有良好活性的

"先导化合物",然后对这些化合物在功效、效力和安全性方面进行优化,以调整其化学结构并提高性能。

最后,一旦确定了先导化合物,就可以进入临床前开发阶段,即在人体外和动物模型中测试化合物,由此评估药物如何影响身体,以及身体如何吸收和代谢药物。

1.2.2 临床前开发

临床前开发是指在人体试验之前,在实验室和动物研究中测试一种新的候选药物。其目的是确定药物的安全性、有效性和最佳剂量。具体步骤如下:

首先,研究人员通过将动物暴露于不同剂量的药物来评估药物的潜在毒性。这些研究有助于识别副作用并确定药物的安全性。

其次,研究人员着眼于研究药物如何在体内吸收、分布、代谢和排泄。这些研究侧重于药物如何与其预期的生物靶标相互作用。

最后,研究人员还致力于创造一种合适的配方(药丸、注射剂等),以确保药物在给药时有效,并在不同条件下保持稳定。

以上所有临床前研究都必须遵守严格的监管准则,确保可重复性和符合伦理标准。一旦临床前测试显示出希望,该药物就可以进行人体试验。

1.2.3 临床试验

临床试验是药物开发中最为人所知且受到密切监测的步骤。这一步骤在人类志愿者或患者身上进行,旨在测试新药的安全性、剂量、有效性和副作用。临床试验需要分阶段进行(第一阶段至第三阶段),每个阶段都有不同的目的。

第一阶段是评估药物的安全性,确定适当的剂量范围和具体的副作用。在这一阶段,通常需要20～100名健康志愿者或患者,持续几个月时间,主要测试药物的人体代谢和耐受性。研究人员可以借此了解药物在人体内的行为。

第二阶段是评估该药物治疗特定疾病或病症的疗效,同时继续监测安全性。在这一阶段,通常需要100～300名患有该药物旨在治疗的疾病的患者,持续1～2年时间,主要测试药物是否按预期发挥作用。研究人员借此测试各种剂量,以找到最有效的剂量。

第三阶段是确认该药物的有效性,并从更大、更多样化的人群中收集进一步的安全数据。在这一阶段,通常需要1 000～3 000名患者,持续几年时间,并且需要开展在不同地理区域针对不同患者群体的大规模试验。研究人员借此分析药物的短期和长期影响。

1.2.4 监管批准和商业化

一旦临床试验证明药物安全有效,医药公司就会向监管机构提交新药申请或生物制品许可证申请。监管机构评估所有临床前和临床试验数据、制造工艺、标签和药物的拟议用途。该药物一旦获得批准,即被授予在指定地区上市和销售的许可。

1.2.5 上市后监测和监督

即使在药物获得批准并上市后,仍然需要开展上市后的监测和监督。一方面，研究人员继续利用真实世界数据监测药物在大众中的长期安全性和有效性。在临床试验之外，使用来自真实世界中更大、更多样化人群的数据将有助于药物开发。研究人员借此可以识别临床试验中不明显的罕见副作用，同时进一步评估该药物的真实有效性。另一方面，政府监管机构通过这一阶段的监测数据对药物进行上市后的持续监督。

总之，创新是推动生物医药行业寻求新药物和改进现有疗法的引擎。然而，这是一个漫长、复杂且昂贵的过程，充满了挑战。这些挑战主要表现为以下几个方面：首先，新药研发成本高昂，从研发、临床试验和监管批准，一款新药的平均研发成本超过 10 亿美元。其次，新药研发极为耗时，新药从最初发现到批准上市的平均耗用时间为 10～15 年，其中大量时间耗费在临床前和临床测试这两个阶段。再次，新药研发的失败率很高，许多候选药物在临床试验的不同阶段失败，通常是因为它们无效或存在意外的安全问题。事实上，只有大约 10% 进入临床试验的药物最终获批进入市场。最后，监管机构所提出的新药上市监管要求极为复杂，而且不同国家的监管机构可能有不同的药品审批标准，因此满足这些监管要求极具挑战性且耗时。由此可见，为了克服上述障碍和加快新药开发，医药企业必须持续投资于生物技术和人工智能等先进技术并不断累积丰富的监管经验和营销经验。

1.3　大型医药公司

长久以来,大型医药公司都是主导全球医药行业的老牌企业。这些老牌企业中的典型代表包括辉瑞、强生、默克、罗氏、诺华、葛兰素史克和上海医药等。它们历史悠久、规模庞大,是全球医药行业的领导者,同时拥有大量财务资源及强大的品牌知名度和在全球医药市场的重要影响力(Gilsing and Nooteboom,2006;Hoang and Rothaermel,2010;Rothaermel and Boeker,2008;Rothaermel and Deeds,2006;Vassolo et al.,2004)。这使得它们能够经受住经济衰退,可以投资高成本药物开发,还可以进行战略收购或合作。具体而言,大型医药公司的主要优势首先体现在其具有强大的市场地位。它们拥有大量获批的医药产品,在诸如肿瘤学、心脏病学、免疫学、神经病学和传染病等各种治疗领域拥有广泛的医药组合。这种多元化的医药组合不仅有助于它们保持稳定的收入来源,而且使得它们能够应对各种各样的市场波动,如专利到期或医疗政策变化等。此外,大型医药公司还拥有完善的分销网络,并与医疗保健提供商、批发商和零售连锁店建立了长久的合作伙伴关系。它们拥有全球供应链,并且通常在市场准入方面处于领先地位,确保其产品能够覆盖不同地区的所有患者和医疗保健系统。同时,大型医药公司在研发方面进行了大量的投资,具有卓越的研发能力。这些公司通常将其收入的很大一部分用于研发工作,以发现新药和新治疗方法。它们通常拥有完善的研发部门,包括科学家和临床医生团队,并拥有尖端的医药技术。最后,大型医药公司还积累了应对医药行业复杂监管环境的专业知识。这包括新药的监管批准[来自美国食品药品监督管理局(FDA)、欧洲药品管理局(EMA)和其他地区监管机构等]、遵守良好生产规范(GMP)以及满足专利法的要求。专利保护对于大型医药公司从其创新中获利的能力至关重要。许多医药巨头拥有大量的药物专利,这在仿制药竞争进入市场之前提供了一段时间的市场独占权和更高的产品利润率。

尽管大型医药公司在生物医药行业占据主导地位,它们依然面临着许多影响其长期增长和盈利能力的重大挑战(Christensen,1997,2006;Hill and Rothaermel,2003;Kapoor and Klueter,2015)。首先,大型医药公司必须面对在专利保护到期之后来自仿制药的竞争。当畅销药的专利到期时,仿制药制造商可以进入市场,这通常会导致现有公司的收入大幅下降。例如,立普妥(阿托伐他汀)和修美乐(阿达木单抗)等药物在其专利到期和仿制药上市后,原研药企收入急剧下降。此外,大型医药公司受到越来越严格的政府监管与公众监督。一方面,政府监管框架的变化或更严格的监管可能会增加药品上市的成本和时间延迟。另一方面,公众对定价行为和营销策略的监督也越来越强。在许多市场,尤其是在美国,政府、保险公司和患者越来越大地施加压力,要求降低药品价格。医疗成本的上升,以及降低药品价格的政治压力,可能会影响公司的盈利能力。最后,大型医药公司还面临来自小型生物技术公司的激烈竞争。虽然大型医药企业拥有强大的研发部门,但它们也面临来自小型生物技术公司日益激烈的竞争,因为这些小公司擅长生物制药技术,并且更具创新能力。

有鉴于此,大型医药公司有必要采取相应的策略,以确保其市场领导地位(Anand et al.,2010;Nicholls-Nixon and Woo,2003;Rothaermel,2001)。首先,保有众多的创新药物至关重要。大型医药公司在研发方面需要投入巨资,以发现新药物和新疗法并将其推向市场,特别是在肿瘤学、免疫学和罕见疾病等药物需求很高的治疗领域。其次,面对来自小型生物技术公司的激烈竞争,大型医药公司需要采用收购战略和合作战略,即收购规模较小的生物技术公司或与之建立合作伙伴关系,以获取新技术、扩大其产品组合或进入新的治疗领域。这可以帮助大型医药公司抵消与专利到期相关的风险并保持竞争优势。再次,大型医药公司还需积极开拓新兴市场。许多医药巨头专注于扩大其在新兴市场的影响力,随着收入的增加和医疗保健基础设施的改善,这些市场对医疗保健产品的需求不断增加。进入新兴市场可以帮助减轻在更饱和、更成熟的市场中的收入损失。同时,大型医药公司还需专注于精简运营、改善供应链管理和降低生产成本以保持盈利能力,比如采用人工智能、自动化和数字化来优化制造流程。最后,大型医药公司应该采取积极措施解决药品定价问题并承担企业社会责任。一方面,企业可以与政策制定者或者公众沟通、实施患者援助计划和探索基于价值的定价模式,借此增加患者获得药品的机会。另一方面,企业通过将业务实践与社会目标相结合,可以提高声誉并满足消费者和监管机构对企业社会责任日益增长的要求。

综上所述,大型医药公司在塑造全球医疗保健格局、推动创新和应对公共卫生挑战方面发挥着至关重要的作用。虽然它们面临着来自小型生物技术公司的激烈竞争、不断变化的监管环境和定价压力,但它们雄厚的资源、丰富的专业知识和成熟的基础设施使其具有竞争优势。它们占据市场主导地位的关键在于不断创新,努力提升运营效率,掌握全球市场动态,以及适应不断变化的患者和医疗保健系统的需求。

1.4　小型生物技术公司[①]

小型生物技术公司或生物技术初创公司通常规模较小,专注于尖端的生物科技,比如基因组学、蛋白质组学、细胞生物学、基因工程和合成生物学等领域;它们的工作突破了传统药物开发界限,在推进生物制药、诊断和治疗方面发挥了关键作用。小型生物技术公司通常以敏捷性和创新性为特征,特别是在药物发现和开发的早期阶段。小型生物技术公司也是突破性疗法的温床,特别是在靶向治疗、个性化医疗和新型生物制剂领域。尽管规模较小,但它们在塑造生物医药行业的未来方面发挥着巨大的作用。

1.4.1　小型生物技术公司的发展历史

小型生物技术公司的发展与生物技术本身的演变交织在一起。这些公司的产生与发展得益于基因工程、分子生物学和基因组学的重大进步,所有这些生物技术方面的重大进步使得小型生物技术公司能

[①] 本小节主要参考"From Breakthrough to Blockbuster: The Business of Biotechnology"(Drakeman *et al.*, 2022)和"The Business of Biotechnology"(Friedman, 2008)。

够解决曾经看似无法克服的问题。小型生物技术公司的崛起可以分为以下几个关键的历史阶段——根据技术突破、不断发展的商业模式和市场动态的变化划分。

(1) 早期基础(20世纪70年代前):生物技术的开端

在现代生物技术诞生之前,生物技术主要是一门农业和工业科学,专注于发酵、食品生产和早期药物发现。例如,利用微生物生产啤酒、葡萄酒和面包等产品的历史可以追溯到数千年前。然而,到20世纪初,发酵和其他生物技术越来越多地应用于药品生产,包括青霉素等抗生素。例如,礼来和默克是早期采用生物技术生产抗生素的制药公司。虽然生物技术有早期的工业应用,但真正的革命始于遗传学和分子生物学的进步,为现代生物技术奠定了基础。

(2) 小型生物技术公司的创立(20世纪70年代至80年代):生物技术产业的诞生

20世纪70年代是一个关键的转折点,因为当时基因工程和重组DNA技术的发展为小型生物技术公司的出现铺平了道路。1973年,赫伯特·博耶和斯坦利·科恩开发的重组DNA技术彻底颠覆了生物技术领域。这项创新使科学家能够拼接来自不同生物体的DNA,创造出新的基因序列,这些序列可以插入宿主细胞(如细菌或酵母)以产生所需的蛋白质或酶。这一发现为包括胰岛素和其他治疗性蛋白质的药物生产奠定了基础。随着这些突破性的进步,第一批小型生物技术公司成立了。由赫伯特·博耶和罗伯特·斯旺森于1976年创立的基因泰克(Genentech)是首批利用重组DNA技术的小型生物技术公司之一。基因泰克开发了人类胰岛素,后来又开发了第一种重组人类生长激素，经过多年发展，其最终成为世界领先的生物技术公司之一。20世纪70年代和80年代，由于科技进步和新商业模式的发展，小型生物技术公司的数量逐渐增加。这些公司往往规模小、灵活、以研究为重点，与当时主导药物开发的垂直整合的大型医药公司形成鲜明对比。

(3) 扩张与增长 (20世纪80年代至90年代)：生物技术繁荣

20世纪80年代和90年代是小型生物技术公司高速增长的时期。20世纪80年代，生物技术IPO市场应运而生，许多小型生物技术公司上市筹集资金。基因泰克是1980年首批上市的生物技术公司之一，其首次公开募股取得了巨大成功，为其他公司奠定了基础。在接下来的二十年里，许多生物技术初创公司纷纷效仿，上市筹集资金推进研发。在这个时代，风险投资的作用至关重要。风险投资者看到了生物技术的巨大潜力，开始大量投资于小型生物技术公司，为新产品的研发和商业化提供所需的资金。在这一时期，一些基于生物技术的产品取得了商业化的成功。例如，生物技术的早期成功之一是基因泰克和礼来公司在20世纪80年代初生产的重组人胰岛素。这是首次使用基因工程生产人类蛋白质，也为生物制剂的开发打开了大门，这类生物制剂后来主导了生物医药行业。此外，20世纪80年代出现了单克隆抗体技术，单克隆抗体是由单个细胞克隆产生的抗体，可通过工程手段定向改造，从而精准降解特定的致病蛋白质。乔治·克勒和塞萨尔·米尔斯坦开发的杂交瘤技术催生了单克隆抗体疗法，在未来几十年内这将成为一个价值数千亿美元的产业。最后，在这一时期，许多小型生物技术公司专注于包括基因治疗、癌症免疫疗法和生物标志物识别等诸多细分领域,并且取得了成功。例如,安进(成立于1980年)和百健(成立于1978年)等公司成为各自领域的行业领导者,开发了基于生物技术的重要产品和治疗方法。

(4)挑战与挫折(20世纪90年代至21世纪初):泡沫破裂与行业整合

尽管小型生物技术公司在20世纪80年代和90年代初获得了快速增长,但生物医药行业随后遭遇了几次挫折,特别是在20世纪90年代末和21世纪初的互联网泡沫破灭期间。许多小型生物技术公司在将有前景的候选药物转化为可销售的产品方面面临重重挑战。虽然这些技术具有开创性,但将生物制剂推向市场需要在临床试验、监管批准和制造方面进行大量投资。初创的小型生物技术公司缺乏这方面的能力,也无法在低迷的资本市场中筹措充足的资金来推动进一步的发展。于是,在20世纪90年代末和21世纪初,大型医药公司开始整合小型生物技术公司,并购活动随之激增。这一整合是由大型医药公司试图获得尖端生物技术、新药候选物和新治疗方法的愿望推动的,这些技术和新药物可以帮助它们在快速发展的生物医药行业中保持主导地位。例如,安进于2002年收购了Immunex,以收购治疗类风湿性关节炎的重磅药物Enbrel。同样,基因泰克于2009年被罗氏收购。熬过这一时期之后,21世纪初个性化医疗的兴起使得生物医药行业重新焕发活力。基因组学、蛋白质组学和生物标志物发现的进步使得小型生物技术公司能够根据患者的基因组成开发高度靶向的疗法。在这一时期,专注于基因检测和基因组测序的小型生物技术公司数量迅速增长。

(5) 现代（2010 年至今）：创新、CRISPR 和新疗法

2010 年至今，生物技术创新激增，小型生物技术公司再次引领这场革命的前沿，特别是在基因编辑、细胞疗法、免疫肿瘤学和生物药物等领域。2012 年，CRISPR/Cas9 基因编辑技术的出现为精确有效的基因改造提供了工具。CRISPR Therapeutics（成立于 2013 年）和 Editas Medicine（成立于 2012 年）等小型生物技术公司迅速崛起，利用这项突破性技术，开发出通过编辑致病的基因来治愈遗传性疾病的疗法。与此同时，细胞疗法和基因疗法的兴起标志着小型生物技术公司的新篇章。Bluebird Bio 和 Sangamo Therapeutics 等公司在开发包括 β 地中海贫血、镰状细胞贫血和血友病等罕见遗传疾病的治疗方法方面处于领先地位。此外，Kite Pharma（被吉利德收购）和诺华等小型生物技术公司正在开发 CAR-T 细胞疗法，该疗法在治疗白血病和淋巴瘤等血癌方面显示出良好的效果。最后，小型生物技术公司继续推动个性化医疗，开发针对个体基因特征的药物。这种方法可以进行更有效的治疗，减少副作用，适用于癌症、罕见遗传病和自身免疫性疾病等疾病的治疗。

1.4.2 小型生物技术公司的特征

与大型医药公司相比，小型生物技术公司倾向于在高度专业化的生物技术领域研发药物和新疗法。例如，在 CRISPR 基因编辑、免疫肿瘤学、再生医学、生物标志物开发和干细胞疗法等领域，它们拥有竞争优势。此外，小型生物技术公司经常与大学等研究机构合作，将后者的想法从实验室推向市场。但是，因为这些来自研究机构的尖端科

学和技术通常未经证实,所以小型生物技术公司承担的风险很大,然而一旦成功,就可以撼动传统的医药市场。最后,小型生物技术公司通常专注于早期临床试验(一期和二期),着重开发那些具有变革性的新药物以及新型治疗方法,如基因疗法、基于RNA的疗法、基于细胞的疗法以及单克隆抗体和酶替代疗法等。

小型生物技术公司通常依靠风险投资获得初始启动资金。风险投资提供的资金对于早期药物研发至关重要。一旦一家公司获得了临床数据,它就可以通过公开募股或与大型医药公司合作寻求额外资金。随着小型生物技术公司努力将创新疗法推向市场,它们必须应对监管机构制定的复杂监管框架。对小公司来说,应对监管障碍,特别是在新的生物制剂或基因疗法方面的监管,具有极高的挑战性。于是,许多小型生物技术公司与大型医药公司形成战略联盟或授予其许可协议。因此,小型生物技术公司与大型医药公司的伙伴关系对于药物开发和将产品推向市场非常重要。

1.4.3 小型生物技术公司面临的挑战与未来

虽然小型生物技术公司潜力无限,但也面临着重重困难。生物医药研发是资本密集型的,小公司往往难以获得足够的资金;同时,应对复杂的监管流程,尤其是基因疗法和生物制剂的监管,既困难又耗时。此外,药物研发本身风险很大。尽管经过多年的研究和投入数百万美元的资金,但是绝大多数化合物在临床试验中会遭遇失败,许多小型生物技术公司随之面临失败的可能性。最后,小型生物技术公司经常面临来自拥有强大资源的大型医药公司和在类似领域工作的其他小型生物技术公司的激烈竞争。

尽管面临着以上挑战,但展望未来,随着合成生物学、生物打印、用于药物研发的人工智能(AI)以及生物制剂和生物仿制药的扩张等领域的进步,小型生物技术公司有望继续引领创新。由于人工智能、机器学习和数据分析在药物发现中的持续整合,小型生物技术公司会从加速识别新型候选药物和优化其临床开发过程的工具中受益。小型生物技术公司的历史是应对科学挑战、适应复杂的监管环境、利用突破性技术彻底改变医药行业的历史。随着生物技术领域的不断发展,小型生物技术公司在未来医疗保健中的作用日益重要。

总之,小型生物技术公司是生物医药行业创新的引擎。它们对新型疗法的关注正在推动精准医学、基因疗法和生物制剂的发展,这些技术有可能改变许多疾病的治疗方式。尽管面临着资源有限、监管障碍和高失败率的挑战,但小型生物技术公司在罕见病、癌症和遗传病的突破性治疗方面还是取得了重大进展。通过与大型医药公司、风险投资和创新平台合作,小型生物技术公司有望在未来的早期药物研发中发挥越来越重要的作用。

1.5　小型生物技术公司与大学等研究机构的合作

小型生物技术公司与大学等研究机构之间的关系是生物技术生态系统中最具活力和协作性的关系(Belderbos et al.,2016;Leten et al.,2022;Stuart et al.,2007)。大学等研究机构作为科学研究和创新的中心,提供基础知识和技术,这些知识和技术通常是小型生物技术公司创立的基础。反过来,小型生物技术公司提供技术的实际应用和商业化途径,以新技术、新药或者新疗法形式将学术发现带给公众并实现商业化。这一学术界与企业界之间的联系对于将前沿科学研究转化为现实世界的解决方案至关重要。本节将从以下几个方面深入探讨这一关系:

1.5.1 大学等研究机构在生物技术创新中的作用

大学等研究机构往往着重于基础研究,是科学突破的发源地,这些突破构成了生物技术产业的基础。世界上许多重要的生物技术创新,如基因工程、CRISPR 基因编辑和生物制剂生产,都起源于实验室。尽管科学突破的前景令人向往,但是基础研究本身具有高度的不确定性和长期性,获取研究成果可能需要数年甚至数十年的时间。为此,大学等研究机构需要大量投资于基础研究和尖端技术,这些投资通常来自政府拨款、慈善捐款或由私营部门合作伙伴资助。此外,大学等研究机构为创新和探索提供了一个良好的环境,在这里,思想可以在商业化之前蓬勃发展。最后,大学等研究机构也是培养科学人才的温床,培养出了大量对小型生物技术公司的成功至关重要的研究人员、科学家和企业家。

1.5.2 小型生物技术公司与大学等研究机构之间的合作类型

小型生物技术公司与大学等研究机构合作的最常见方式之一就

是技术转让。在这一安排中,一所大学将其知识产权——通常是一种新型候选药物、研究工具或生物技术——授权给一家生物技术公司进行进一步开发。此外,大学通常设有技术转让办公室(TTO),帮助确定有前景的技术并保护知识产权,同时促进与外部合作伙伴(包括小型生物技术公司)的许可交易。作为对其研究成果进行许可的交换,大学将获得特许权使用费或生物技术公司的股权。例如,哈佛大学将CRISPR/Cas9基因编辑技术授权给Editas Medicine和Intellia Therapeutics等生物技术公司,使这些公司能够推进这项突破性技术的商业化。

小型生物技术公司与大学等研究机构也经常成为研究伙伴,合作开发新的疗法、新药物或新技术。这一伙伴关系对处于药物开发早期阶段的生物技术公司特别有益,因为获得尖端研究设施和高度专业化的知识可以加速开发过程。此外,在双方合作研究的过程中,大学等研究机构还可以提供基础研究或临床前数据,而小型生物技术公司则提供临床试验专业知识、监管知识和商业化能力。

最后,大学等研究机构经常充当小型生物技术公司的孵化器。许多小型生物技术公司是由教授、博士后研究人员或研究生创立的。大学通常设有创业项目和技术转移办公室,帮助研究人员将他们的创新转化为可行的产品;大学的孵化器同时也为新兴公司提供战略资源。例如,再生元医药公司(Regeneron Pharmaceuticals)是世界上最大的生物技术公司之一,由康奈尔大学教授伦纳德·施莱弗尔博士(Leonard Schleifer)于1988年创立,该公司源于康奈尔大学实验室开发的一项技术。

1.5.3 合作对于小型生物技术公司的价值

首先,小型生物技术公司受益于大学等研究机构开展的前沿研究,此类研究可以为新技术或新药物在发现阶段的研发提供重要的理论基础。大学等研究机构往往处于基础发现的最前沿,这些发现对大型医药公司来说还处于早期阶段或风险太高,但对于推进新药物、新疗法的小型生物技术公司至关重要。

其次,与声誉良好的大学等研究机构合作,为小型生物技术公司提供了科学可信度。这些合作为小型生物技术公司提供了专业认可,从而有助于建立公司的声誉,吸引投资者、合作伙伴和人才。在寻求风险投资或政府资助时,与大学等研究机构的合作也是一个关键因素,因为许多投资者和资助机构信任正规研究机构的学术严谨性。

最后,通过与大学等研究机构合作,小型生物技术公司可以减轻早期研发的成本负担。大学等研究机构通常可以帮助小公司以更低的成本进行基础研究或临床前开发。这些合作有助于降低生物技术公司的财务风险,特别是那些资本有限的初创小公司。此外,大学还可以向小型生物技术公司提供尖端的研究工具、实验室和专用设备。这些设备通常较为昂贵,如果自行购买,小型生物技术公司的资金压力会很大。

1.5.4 合作对于大学等研究机构的价值

首先,大学等研究机构可以通过与小型生物技术公司合作,将其研究成果商业化并从中受益。通过向小型生物技术公司授权技术,大学等研究机构可以获取特许权使用费或公司股权。此外,成功的商业化也提高了大学等研究机构的声誉,吸引了更多的研究资金、人才以及促成与其他行业参与者的合作关系。

其次,虽然大学等研究机构通常专注于基础研究和理论研究,但与生物技术公司的合作不仅有助于将创新的治疗方法和技术推向市场,而且为研究产生现实影响提供了途径。许多学术研究人员乐见其研究成果转化为新药物和新疗法,从而可以治愈疾病或者减少病人的痛苦。

最后,大学等研究机构经常为研究人员提供创业支持,提供项目和资源,帮助教职员工、研究生和博士后将他们的想法转化为可行的创业机会。这些机会帮助学者除了发表论文和探索理论之外,还能够为公共卫生和经济发展做出直接贡献。例如,麻省理工学院的科赫综合癌症研究所促成了许多生物技术公司的成立与发展,这些公司建立在该大学的研究基础上,包括莫德纳公司(Moderna)和旗舰先锋公司(Flagship Pioneering)等。

1.5.5　双方合作的挑战

首先,大学等研究机构与小型生物技术公司之间最常见的矛盾与知识产权有关。大学等研究机构通常保留其任何研究成果的所有权,所以在与小型生物技术公司合作时,通常会围绕知识产权、专利和许可条款进行复杂的谈判。知识产权处理方式的不一致可能会导致合作中的争议或延误,甚至会阻碍商业化进程。

其次,大学等研究机构通常立足长远,并优先考虑有可能实现科学突破的研究,而不是商业化。然而,小型生物技术公司受到市场驱动,更专注于快速商业化。如果研究机构与生物技术公司之间的目标和期望不一致,双方就会产生摩擦。

最后,小型生物技术公司可能缺乏管理与大学等研究机构合作关系的能力。与大学等研究机构合作,需要应对学术官僚主义、确保资金充足和协调多个利益相关者。因此,管理这些关系的行政负担对资源紧张的初创公司而言具有挑战性。

总之,小型生物技术公司与大学等研究机构之间的关系是互惠互利的。大学等研究机构为小型生物技术公司提供科学基础和人才库,而小型生物技术公司则提供将科学发现转化为技术或产品所需的专业知识、基础设施和临床开发能力。这种合作推动了创新,加速了科学突破的商业化进程,并促进了生物制药技术的进步。然而,为了应对知识产权纠纷、资源分配和不同目标的挑战,双方需要进行仔细的规划和沟通,以最大限度地发挥伙伴关系的潜力。

1.6 小型生物技术公司与大型医药公司的合作

小型生物技术公司与大型医药公司之间的合作是多方面和动态的,在新药和新疗法的开发和商业化中发挥着至关重要的作用(Adegbesan and Higgins,2011;Colombo et al.,2006;Diestre and Rajagopalan,2012;Roijakkers and Hagedoorn,2006;Rothaermel,2001)。这两类企业之间的合作已成为现代生物医药行业的核心特征。

1.6.1 双方合作的原因

小型生物技术公司往往处于科学创新的前沿,开发新型候选药物和新疗法。这些创新包括基因治疗、基于细胞的治疗、生物制剂、mRNA 技术和罕见疾病治疗等。大型医药公司依赖小型生物技术公司来获取创新技术和新药物或新疗法,因为开发这些尖端技术和创新产品对大型医药公司的商业模式来说风险太大。与之相反,小型生物技术公司经常从事高风险项目,如新型生物制剂、细胞疗法或孤儿药的开发。早期生物技术研究的高失败率意味着大型医药公司可以通过与有前景的小型生物技术公司合作或收购这些公司来降低自身的风险。此外,大型医药公司还可以利用小型生物技术公司作为多样化产品组合的一种方式。如果一家生物技术公司在某一特定领域开发了一种新的治疗方法,那么大型医药公司与之合作就可以确保这家大型医药公司能够扩展到相应的市场。

1.6.2 双方合作的类型

大型医药公司与小型生物技术公司合作的方式之一是许可协议。在这些协议中,小型生物技术公司保留其知识产权的所有权,但授予大型医药公司在特定市场或地区开发、制造和商业化药物的权利。这些协议通常涉及预付款、里程碑付款和特许权使用费。预付款作为小型生物技术公司前期的研发费用,而里程碑式的付款则随着药物在临床试验、监管批准和市场推广过程中的进展而逐笔支付。特许权使用费是小型生物技术公司在药物上市后收到的销售额的百分比。

此外，大型医药公司与小型生物技术公司也经常形成战略合作伙伴关系，从事比简单的许可协议更广泛的深度合作。这些伙伴关系可能包括共同的研发、联合临床试验或营销工作。例如，莫德纳公司（Moderna）和龙沙公司（Lonza）在生产 Moderna mRNA"新冠"肺炎疫苗方面的合作中，莫德纳专注于 mRNA 技术的研发，而龙沙则提供大规模制造和营销知识。

最后，大型医药公司经常收购小型生物技术公司，以获得其药物或技术。收购使大型医药公司能够将生物技术创新纳入其投资组合，并加快上市时间。收购还可以帮助大型医药公司消除潜在的竞争对手，确保有前景的候选药物或治疗方法的专有权。例如，2009 年罗氏以 468 亿美元收购了基因泰克，从而获得了基因泰克非常成功的生物药物组合，包括 Herceptin（用于治疗癌症）和 Rituxan（用于治疗自身免疫性疾病和淋巴瘤）。

1.6.3　双方合作的价值

首先，双方合作可以加速药物开发。一方面，小型生物技术公司通常专注于早期药物发现和开发，专注于创新科学，但缺乏临床试验、监管批准和产品销售所需的资源、专业知识和基础设施。另一方面，大型医药公司不从事或者不愿涉及药物的早期研发工作，但是拥有丰富的经验和资源来处理后期临床试验和复杂的监管审批流程。因此，小型生物技术公司与大型医药公司合作不仅确保了双方的成功，而且加快了将药物从研发到推向市场的速度。

其次，双方合作可以确保充足的财务资源。小型生物技术公司在药物开发的早期阶段往往面临财务限制。而大型医药公司在合作中提供了重要的资金,帮助生物技术公司承担研究和开发的高昂成本。作为回报,大型医药公司可以以相对较低的初始投资获得可能改变"游戏规则"的药物。例如,2019 年,阿斯利康与第一三共株式会社达成 69 亿美元的合作伙伴关系,开发 Enhertu——一种创新的 HER2 靶向癌症疗法。阿斯利康提供资金和全球分销网络,而第一三共株式会社则提供肿瘤药物发现方面的专业知识。

最后,双方合作可以利用大型医药公司在全球商业化方面拥有的专业知识,以此弥补小型生物技术公司所缺乏的销售和分销网络等。对专门从事创新药物或技术研发的生物技术公司来说,与大型医药公司合作往往是确保其产品成功推向市场和被广泛采用的关键。

1.6.4　双方合作的挑战

首先,企业文化和目标存在差异。小型生物技术公司通常以研究为导向,具有创新性和灵活性,专注于尖端科学和突破性技术。它们往往更具创业精神,对风险有很高的容忍度,因为其目标是为未满足的医疗需求开发革命性的治疗方法。但是,大型医药公司厌恶风险且受利润驱动,更专注于短期财务业绩和股东价值。它们的商业模式通常只涉及成熟的产品,因为这些产品更有可能在市场上取得成功。双方企业文化和目标的差异有时会导致紧张的关系。小型生物技术公司可能会受到大公司官僚程序的限制,而大型医药公司可能会认为小型生物技术公司在科学探索的过程中过于冒险或探索的范围超出其核心业务。

其次，双方之间的权力不平衡。小型生物技术公司与大型医药公司之间的权力平衡通常会偏向于规模较大的合作伙伴。拥有雄厚财力和全球影响力的大型医药公司可以决定协议条款，而小型生物技术公司在谈判中的影响力较小。此外，小型生物技术公司也可能面临其知识产权或创新被低估的风险，特别是在许可或收购交易中。

最后，双方的不同优先级可能会产生冲突。小型生物技术公司和大型医药公司的优先事项在开发过程中会有所不同。例如，一家大型医药公司可能会推动更快的商业化道路或专注于利润最大化，而一家小型生物技术公司可能更专注于确保药物的长期安全性和有效性。

综上所述，小型生物技术公司和大型医药公司都受益于双方之间的合作。小型生物技术公司提供创新技术和尖端科学，而大型医药公司提供财务资源、基础设施和全球商业化专业知识。然而，文化差异、权力不平衡和优先事项冲突等挑战可能会使伙伴关系复杂化。尽管存在这些挑战，但小型生物技术公司与大型医药公司之间的合作对于推进拯救生命的药物和疗法的研发、推动生物医药行业的创新至关重要。

第 2 章
研发联盟、创新网络与企业创新

企业通常依赖其内部资源、技术和研发能力来开发新产品或提供新服务,这一模式被称为封闭式创新。与之形成鲜明对比的是开放式创新。开放式创新是一种同时使用企业内部和外部的创意、技术和资源来加速企业创新过程的理念。企业研发战略联盟则是开放式创新的主要手段之一。当诸多企业通过建立研发联盟的方式彼此连接时,便构成了创新网络。本章将陆续探讨开放式创新、企业研发联盟、创新网络及其结构特征,以及创新网络与企业创新的关系。

2.1 开放式创新概述

"开放式创新"一词最早由加州大学伯克利分校哈斯商学院教授

Henry Chesbrough 于 2003 年提出并推广。Chesbrough 在其 *Open Innovation: The New Imperative for Creating and Profiting from Technology* 一书中提出，企业可通过与外部合作伙伴分享它们的想法、技术和创新，并将外部知识整合到企业内部创新过程中，从而创造更多价值。

2.1.1　开放式创新的基本模式

开放式创新基于这样一种理念：企业不必完全依赖其内部研发，而是可以从企业边界之外的不同想法、观点和能力中受益，即企业通过主动吸纳外部创意、解决方案乃至技术实现创新（Chesbrough，2003）。具体而言，开放式创新强调跨组织边界的协作，利用大学、客户、供应商甚至竞争对手等外部利益相关者的专业知识为企业创新服务。开放式创新主要包括以下几种方式：第一，由外而内的开放式创新。这一模式侧重于将外部想法、知识或技术引入组织，以补充内部研发工作。通过利用外部专业知识，公司可以改进创新流程，加快产品开发。例如，一家公司获得一所大学和研究实验室开发的技术的授权并用于开发新产品。第二，由内而外的开放式创新。这一模式是指企业将未使用或未商业化的内部想法、技术或专利外部化的过程，从而可以从原本无法完全开发或无法商业化的创新中获利。例如，一家公司出售其开发但不打算使用的专利技术，并允许另一家公司利用该技术开发产品并推向市场。第三，与外部合作伙伴的合作。这一模式通常涉及的外部合作伙伴包括大学、研究机构、竞争对手、其他公司，甚至个人。这类合作使企业能够获得更广泛的想法、技术和资源。例如，宝洁公司(P&G)有一个著名的开放式创新战略，名为"连接与开发"，它与外部企业和研究人员合作，共同开发新产品。第四，想法和知识共享。这一模式强调与外部合作伙伴分享想法、知识甚至风险。例如，乐高运营着一个名为"乐高创意"的平台，粉丝和顾客可以在这里提交自己的设计，如果设计获得足够的选票，它们可能会被转化为乐高的正式产品。第五，共同创造。在这一模式中，客户、最终用户或其他外部方参与产品设计、开发或创新过程。通过让这些外部利益相关者参与进来，公司可以确保它们的创新与客户需求高度相关并保持一致。例如，耐克使用 Nike Fuel 等开放式创新平台，让客户跟踪他们的健康状况并提供反馈，从而影响未来的产品设计。

2.1.2　开放式创新的组织形式

开放式创新可以采取多种形式，具体取决于所采用的策略和组织的目标。开放式创新的一些常见类型包括众包、创新竞赛、协作网络和平台、合资企业和战略联盟、许可和专利共享以及众筹。

(1)众包是将任务、问题或想法外包给未知的一大群人的做法，通常是通过在线平台。这可用于收集新产品的想法、技术问题的解决方案或收集对概念的反馈。例如，Threadless 公司邀请世界各地的设计师提交 T 恤设计，最受欢迎的设计可以成为产品并被销售。

(2)企业可以举办公开的创新竞赛和挑战赛，让外部创新者或企业家为特定问题提交解决方案。最好的想法或解决方案会得到奖励，甚至被融入企业的产品之中。例如，XPrize 举办全球创新挑战赛，以解决可持续能源、太空探索和健康问题等重大全球问题，并为成功的解决方案提供货币奖励和表彰。

（3）开放式创新网络是公司、大学等研究机构和其他实体之间的正式或非正式合作组织。这一网络促进了思想交流、共同发展和资源共享。例如，开放创新网络（OIN）推进科技企业之间的合作，促进专利和思想的交流并支持开源软件的开发。

（4）企业可以成立合资企业或战略联盟，将双方的资源、知识和专业知识结合起来，使它们能够共同开发双方都无法独立实现的创新解决方案。例如，索尼爱立信是索尼和爱立信的合资企业，利用索尼的消费电子专业知识和爱立信的电信知识来制造尖端手机。

（5）企业也可以通过许可协议向其他组织开放其知识产权。例如，特斯拉向公众开放其电动汽车专利，鼓励其他制造商利用特斯拉的技术来创新。

（6）企业还可以采用众筹加速创新，该策略涉及利用外部社区或人群收集数据或进行实时协作来改进、迭代或解决复杂问题。例如，在线创新市场（InnoCentive）让企业和政府发布问题，全球参与提交解决方案，从而有助于更快、更经济地解决实际问题。

2.1.3　开放式创新的优势

开放式创新拥有诸多优势（Bianchi et al., 2011; Cassiman and Veugelers, 2006; Lokshin et al., 2008; Rothaermel and Hess, 2007; Schmiedeberg, 2008），具体如下：

（1）开放式创新能够整合组织内部能力之外的更广泛的想法、专业知识和技术。例如，谷歌经常从事开源软件开发，从而受益于全球开发人员的贡献。

（2）开放式创新让企业能够与外部合作伙伴分担研究、开发和商业化的成本和风险，从而使得企业在不承担所有财务负担的情况下，得以开展高风险的项目。例如，生物医药行业通过与大学等研究机构和企业合作分担研发风险和成本，利用开放式创新降低药物研发成本。

（3）通过与已经拥有相关专业知识的外部各方合作，企业可以加快产品开发，缩短产品上市时间，获得竞争优势。外部知识和技术有助于加快产品的原型制作、测试和商业化。例如，宝洁公司的"连接与发展"计划通过与外部创新者合作，帮助公司缩短了开发新产品的时间。

（4）众包等开放式创新平台使企业能够获得各种各样的想法、解决方案或人才，从而可以探索更广泛的可能性，更快速地扩展创新工作，实现规模创新。例如，联合利华利用开放式创新从世界各地获取想法和创新，从而推出大量的新产品并实现可持续创新。

（5）企业通过开放式创新提供差异化产品来满足不断变化的客户需求，从而增强竞争力，保持领先优势。外部想法的整合往往会带来更具创造性、更多样化的解决方案。例如，苹果的 App Store 是一个鼓励开放创新的平台示例，它允许第三方开发者创建与苹果生态系统集成的应用程序，从而增强其苹果的产品供应。

（6）开放式创新在内部和外部培养了一种实验性和开放性的创造文化。它鼓励组织超越自己的界限寻找解决方案，创造一种更具活力的解决问题的方法。例如，3M 的创新文化鼓励员工从事副业，从而产生了像便利贴这样的标志性产品。

2.1.4 开放式创新所面临的挑战

开放式创新同时还面临诸多问题(Hess and Rothaermel，2011；Laursen and Salter，2006；Vega-Jurado et al．，2009)，具体如下：

第一，与外部各方分享知识和合作可能会引发对知识产权保护的担忧。从事开放式创新的企业必须确保知识产权得到明确界定，就知识产权的管理、许可或共享达成协议以避免纠纷，特别是在与竞争对手合作的时候。

第二，将外部想法或技术整合到企业的内部流程之中可能极具挑战性。此外，为了采用外部创新而需要对现有系统、基础设施或流程进行重大改造也可能面临巨大的困难。

第三，管理多个外部关系和协调不同利益相关者之间的合作可能很复杂，特别是在涉及不同的组织文化、目标或工作风格的情况下。

第四，开放式创新通常需要共享数据，但与外部各方合作会使企业面临与数据安全、保密漏洞和敏感信息潜在滥用相关的风险。

第五，开放式创新有时会导致质量或可靠性问题。如果外部合作伙伴开发的产品组件不符合公司的质量或监管标准，这可能会影响最终产品的质量和可靠性。

总之，开放式创新是一种强大的战略，使企业能够利用外部想法、技术和专业知识，促进创新和增强竞争优势。通过参与外部合作和打破传统的孤岛，企业可以加强研发，降低成本，且更快地将产品推向市场。然而，成功实施开放式创新需要缜密的规划、明确的知识产权管理和有效的协作策略来克服固有的挑战。通过合理地处置相应的问题，开放式创新可以带来更具创造性的产品和服务，从而更好地满足市场需求。

2.2 企业研发联盟

开放式创新意味着企业需要同时利用内部与外部两种资源以促进企业创新。企业获取外部资源的主要手段就是组织间协作。企业研发联盟是企业这一经济组织之间协作的最主要形式之一，也是企业开放式创新的主要手段之一。所谓企业研发联盟，是指两家或多家企业之间的伙伴关系或合作，目的是在保持独立运营的同时实现共同的研发目标（Hagedoorn, 2002; Park et al., 2002; Rothaermel, 2001）。企业研发联盟的形式、范围和深度各不相同，可能是长期的或短期的，可以跨越行业、部门或地区。企业联盟在全球商业环境中至关重要，特别是在竞争激烈、复杂或创新需求高的行业，其核心目标是创造互惠互利的协同效应，如促进创新或分担研发成本。

根据合作伙伴之间的整合和协作水平，企业研发联盟可分为以下几种类型：第一，建立合同联盟（或非股权联盟），即基于合同协议，没有任何股权投资或对彼此业务的正式所有权。例如，合作伙伴签订技术开发与许可协议，从而共享资源、知识或能力以开展合作研究。第二，建立股权联盟，即一家企业持有另一家企业的股权，以便双方建立长期关系，提供互补能力并协调共同利益。例如，一家公司购买供应商的少数股权,以确保可靠地获取关键组件或技术。第三,建立合资企业,即两家或多家企业出资建立一个独立的法人实体,以追求共同的商业目标。

企业研发联盟已成为当今互联商业环境中的重要战略工具(Hagedoorn,1993,2002;Hagedoorn and Duysters,2002;Hill and Rothaermel,2003;Park et al.,2002;Powell et al.,1996;Rothaermel,2001;Rothaermel and Hess,2007;Teece,1992;Walker et al.,1997)。首先,企业研发联盟可以帮助企业拓展新市场,特别是缺乏当地知识或分销渠道。例如,麦当劳和星巴克通过与了解市场文化和消费者行为的当地合作伙伴建立企业联盟的方式进入中国,以克服文化和监管障碍。其次,通过与其他企业合作,企业可以汇集资源、专业知识和专利技术,加快创新与技术进步并开发尖端产品或服务。例如,汽车行业中汽车制造商、零部件供应商和科技公司共同组建联盟,以在电动汽车或自动驾驶技术方面进行创新。最后,通过共享资源、知识和投资,企业联盟使企业能够分担与开发新技术相关的风险。例如,在制药、航空航天或新能源等高风险行业,相关企业经常结成联盟,共同开发产品或技术,以降低失败的风险并分担研发成本。

虽然企业研发联盟可以提供许多好处,但也带来了诸多重大挑战(Colombo et al.,2006;Hamel,1991;Kale et al.,2000;Khanna et al.,1998;Pisano,1997;Gilsing and Nooteboom,2006;Sampson,2004)。首先,不同的企业,尤其是来自不同国家或行业的企业,其文化、管理风格和商业惯例的巨大差异会在合作伙伴之间造成摩擦,导致误解、沟通问题和决策效率低下。例如,与日本合作伙伴更具等级和共识驱动的方法相比，一家总部位于美国的合作伙伴可能拥有更个人主义的文化，从而导致双方在决策过程和沟通方式上产生差异并引发矛盾。其次，如果合作伙伴没有明确且一致的目标或者不同战略目标的优先等级存在差异，就可能导致分歧并产生混乱。例如，一个合作伙伴可能希望专注于短期利润，而另一个合作伙伴可能会优先考虑长期增长。再次，如果企业联盟中某一方贡献的资源（如技术、资本和专业知识）明显多于另一方，就可能造成不满并使关系紧张。例如，如果一家小型生物技术公司具有强大的研发能力并贡献了大部分知识产权，而与之合作的一家大型医药公司尽管只是在药物营销方面做出贡献却获取了新药销售的大部分利润，那么小型生物技术公司可能会感到自己在合作中的贡献被低估。此外，联盟企业之间共享知识、技术或设计可能引发对知识产权盗窃或滥用的担忧，特别是在联盟企业之间存在竞争关系，或者企业联盟关系即将终结以及合作伙伴主动退出的情况下。例如，与硬件制造商合作的软件公司可能担心，一旦合作关系结束，制造商就可能将其软件代码用于其他项目。最后，制定明确的退出策略至关重要，因为如果目标没有实现，或者市场条件发生变化，联盟可能需要解散或重组。但是，退出联盟可能既困难又昂贵，特别是在联盟需要大量投资或合同条款极为复杂的情况下。

综上所述，企业研发联盟是企业寻求扩张、创新、分担风险和获得新能力的有力工具，帮助企业在不需要合并或收购的情况下整合资源、共享知识并获得竞争优势。尽管企业联盟存在诸多挑战，但企业可以通过签订协议、建立信任、保持开放的沟通和灵活应对变化等措施以克服这些困难。

2.3 创新网络

创新网络或者研发联盟网络是指多个企业之间相互关联的更大、更复杂的致力于创新的企业间联盟系统。与两家或多家企业为特定目的而建立的单个研发联盟不同,创新网络由相互关联的伙伴关系网络组成。换言之,创新网络中的合作伙伴彼此合作,创建了一个关系网,而不是形成一对一的关系。在创新网络中,企业之间不仅可以直接合作,还可以通过网络中的间接连接受益。例如,公司 A 与公司 B 建立联盟,而公司 B 与公司 C 建立联盟,此时即使公司 A 与公司 C 之间没有直接的伙伴关系,公司 A 也可以经由公司 B 间接获取公司 C 的能力而受益。

2.3.1 创新网络的特征

创新网络是一个复杂的企业间关系系统,其关键特征表现为关系的多样性和合作伙伴之间的相互依存性(郑方与彭正银,2017;张宝建等,2011)。具体而言,包括供应商、客户、竞争对手以及科研机构在内的不同类型企业之间建立多个研发联盟,形成一个关系类型较为复杂的创新网络。在此创新网络中,联盟伙伴共享知识、技术甚至金融资本等资源。这种资源共享减轻了单个企业的负担,增强了网络的集体能力。

同时,创新网络中的公司是相互依存的,这意味着一个合作伙伴的成功或失败会影响整个网络。这种相互依存性促进了信任和协作,以确保所有合作伙伴都能受益。最后,创新网络不是静态的,而是随着时间推移在动态调整。虽然创新网络涉及多个伙伴关系,但仍然对新的合作持开放态度。当战略机遇出现时,网络中的企业可能会寻找新的合作伙伴,增加网络的整体活力,但同时也会有成员因为不再合适或者不需要而退出联盟。随着新成员的加入或现有成员的退出,网络内协作的性质也会根据不断变化的市场条件、新的机会、技术进步和不断变化的战略重点而发展变化。

2.3.2 创新网络的类型

创新网络中的企业经常就各种目标进行合作,如联合研发、市场准入、供应链优化和风险分担。创新网络可以采取多种不同的形式,包括非正式的合作到更正式、结构化的关系,具体取决于所涉及的组织类型、所处的行业以及它们想要实现的目标。常见的创新网络类型包括:第一,由来自同一行业或部门的企业组成的行业网络,其目的是合作提高竞争地位、共享知识或解决共同挑战。例如,汽车行业中,制造商、供应商和技术提供商合作开发电动汽车或者自动驾驶汽车。第二,技术网络,其目的在于进行研发合作,共享知识、技术和资源,以加速技术进步,创造新产品或服务。例如,半导体行业中研究实验室、材料供应商、芯片制造商和技术公司组建创新网络,共同开发新的微芯片和加工技术。第三,由来自特定地区的企业组成的地区网络,其目的在于在特定的市场内合作。例如,一家全球科技公司可能会与中国公司合作并在中国建立一个创新网络,以便更有效地利用当地专业知识来进入中国市场并应对监管挑战。第四,以特定的平台或生态系统为中心所形成的平台网络,平台网络的关键特征是平台提供商与开发商、供应商或消费者之间的相互依存关系。例如,苹果生态系统由开发者、硬件制造商、配件制造商和应用程序创作者组成,它们共同合作,为苹果平台的增长和成功做出贡献。

2.3.3 创新网络的优势

创新网络可以给网络中的企业带来诸多优势(Ahuja,2000;Fang et al.,2016;Guan and Liu,2016;Hagedoorn and Duysters,2002;Phelps,2010;Vanhaverbeke et al.,2009;Vanhaverbeke et al.,2012),具体如下:

第一,创新网络可以帮助企业获得内部可能没有的更广泛的资源和专门知识。例如,生物技术领域的初创公司可以通过创新网络获得老牌医药公司在药物监管、营销方面的专业知识。

第二,创新网络使公司能够分担与创新、市场进入或大型项目相关的风险,从而减少失败的潜在负面影响。例如,投资可再生能源项目的能源行业公司可能会形成一个创新网络,以分担与未经证实的新技术相关的财务风险和不确定性。

第三,创新网络通过创造一个可以分享想法、研究成果和最佳实践的协作环境来帮助企业促进创新,从而加速新产品、服务或流程的开发。例如,由医药公司、学术研究人员和医院组成的医疗保健网络可以通过分享网络成员各自的专有知识来加快药物或治疗方法的开发。

第四，企业还可以利用其创新网络更有效地进入新市场，即通过与当地公司或具有新市场专业知识的公司合作，企业可以克服监管障碍、文化差异等进入壁垒。例如，一家向印度扩张的西方科技公司可能会与当地分销商或服务提供商结成联盟，以开拓印度市场。

第五，创新网络中的企业还可以通过共享资源、联合采购或共同开发的解决方案实现规模经济并降低成本。例如，在汽车行业，网络中的多家公司可能会联合采购原材料或零部件，从而享受批量采购折扣和使整体成本降低。

第六，作为创新网络中的企业可以通过利用网络的集体力量来谈判更好的条款、获得更多的客户并更快地应对市场变化，从而加强其竞争地位。例如，亚马逊网络服务（AWS）允许企业访问其先进的云计算基础设施，这反过来又帮助它构建更具可扩展性和竞争力的解决方案。

2.3.4　创新网络的缺陷

创新网络的价值不仅在于单个企业的成功，还在于更广泛的生态系统和所有合作伙伴相互联系产生的协同效应。若要实现这一点，企业就必须克服重重挑战（Gulati, 1998; Phene and Tallman, 2014; Pisano, 1997; Vanhaverbeke et al., 2012），具体涉及以下方面：

首先，企业须有效管理创新网络。由于创新网络需要协调多个伙伴关系，每个伙伴关系皆有各自的目标和优先事项，因此管理创新网络较为复杂。网络成员之间的联系越紧密，协调行动、解决冲突以及确保所有合作伙伴目标一致就越具有挑战性。因此，对一家置身于创新网络的公司而言,需要建立正式的治理结构(例如中央协调机构或指导委员会)以管理整个网络中的关系并提升包括所有合作伙伴在内的共同利益。

其次,网络成员之间共享知识产权难免会增加知识产权被盗或滥用的风险。例如,某个成员未经授权擅自利用其他网络成员分享的专有软件或技术以牟利。

最后,如果企业过度依赖网络中的合作伙伴,可能会失去战略自主权。例如,一家深度参与供应链联盟的公司可能不得不采用符合其他企业所需的运营或战略决策,即使这些决策对其自身业务来说不是最优的。

总体而言,创新网络是一种强大的机制,使置身网络中的企业可共享资源、降低风险、加速创新并拓展新市场(党兴华与常红锦,2013;应洪斌,2016;张悦等,2016;张宝建等,2011;张宝建等,2015;赵炎等,2015;郑方与彭正银,2017)。尽管创新网络存在很多问题,但是若管理得当,创新网络亦可为企业提供战略优势,使得它们能够以单个企业难以实现的方式创造价值。

2.4 创新网络与企业创新

创新网络或者研发联盟网络是企业与其他实体(如供应商、竞争对手或其他企业)形成的伙伴关系网络,是企业开放式创新的重要手段。创新网络的结构特征对于塑造这些伙伴关系的整体有效性至关重要。其中,直接连接、间接连接和结构洞是解释企业如何互动以及交换资源的三个核心特征。这些结构特征在决定网络的效率、创新和整体性能方面起着关键作用。本节将首先分析这三个主要的结构特征,继而分别从这三个方面探讨创新网络与企业创新的关系。

2.4.1 直接连接与企业创新

企业创新是指一个企业开发新产品、新流程、新服务或新商业模式,并在市场上创造价值的能力。创新可以是技术性的(涉及新产品或技术的开发),也可以是非技术性的,如商业模式创新或营销创新。在开放式创新的背景下,直接连接是指企业与外部实体(如供应商、合作伙伴、客户、研究机构甚至竞争对手)保持强有力的、通常是正式的联系,以促进新产品、服务或技术的开发。

直接连接是开放式创新生态系统的重要组成部分,对于企业创新至关重要,是企业寻求利用外部知识、能力和资源来推动其创新的重要手段(Ahuja,2000a)。

(1)直接连接的类型与企业创新

直接连接有助于增强公司的创新能力、获取资源和降低风险,在企业创新中发挥着重要的作用(Arora and Gambardella1,1990;Berg et al.,1982;Richardson,1972;Shan et al.,1994)。直接连接有以下不同类型:第一,与原材料、组件或专业技术供应商的直接连接。供应商可以为公司提供先进技术、新材料或工艺创新的机会,这些技术或创新可以融入公司的产品或制造工艺中。例如,汽车制造商可能会与电动汽车的电池供应商建立直接连接,该供应商为公司提供最新的电池技术，从而实现产品创新。第二，与客户的直接连接使公司能够了解市场需求、客户偏好和未满足的需求，从而实现共同创造，并确保新产品或服务满足市场需求。企业可以利用这些反馈来创新产品、改进现有产品或开发更好的客户体验。例如，苹果利用其应用商店和数百万用户的反馈为其 iPhone、iPad 和其他设备开发、更新应用，不断改善客户体验。第三，与大学和研究机构的直接连接是获取前沿研究、科学知识和可能尚未商业化的新技术的关键。例如，IBM 与大学和研究机构建立了长期合作关系，共同开发人工智能技术和尖端半导体技术。第四，与同一或不同行业的互补公司之间的直接连接可以促进资源、技术和专业知识的共享，以实现共同创新。例如，索尼和爱立信的合作使它们能够将消费电子和电信方面的专业知识结合起来，创造出尖端的手机。第五，与竞争对手之间的直接连接，这一关系似乎违反直觉，但在许多行业企业与其竞争对手可能会形成合作竞争关系，在研发、行业标准或合资企业等领域共同努力。例如，苹果和三星一直是智能手机行业的直接竞争对手，但三星还是为苹果 iPhone 提供显示屏等产品。第六，与政府机构或监管机构的直接连接，这一关系可以帮助企业应对监管挑战、获得资金或参与研究合作。例如，特斯拉与政府机构合作，促其制定电动汽车激励措施和可持续发展法规。第七，与行业团体的直接连接可以共同制定行业标准或开发更大的创新生态系统。通过确保兼容性和促进新技术的广泛采用，这种合作可以使所有参与者受益。例如，蓝牙技术联盟由高通、英特尔和爱立信等公司组成，共同致力于建立短程无线通信的通用标准。

(2)直接连接对不同创新类型的影响

企业创新可采取多种形式,直接连接可以增强公司内部不同类型的创新,具体取决于合作的性质和交换的资源类型。首先,针对技术创新,与技术提供商、研究机构和大学的直接连接对于希望在产品、流程或服务方面创造突破性创新的企业尤为重要。这些关系提供了获取新技术的途径,或允许企业集中资源开发新技术。例如,英特尔与研究型大学和科技初创公司的直接连接有助于推动微处理器技术的创新,使它们能够保持在半导体开发的最前沿。其次,针对商业模式创新,直接连接也可以发挥重要作用。与新合作伙伴(如数字平台、金融服务提供商等)的合作可能使企业能够提供创新服务,以不同的方式提供价值,或创造新的收入来源。例如,Netflix 向基于订阅的流媒体服务的转变是通过与内容创作者、分销商和技术合作伙伴的直接连接实现的。再次,针对营销和以消费者为中心的创新,企业可以通过与客户数据提供商、数字营销机构和客户反馈平台的直接连接,在营销和客户参与方面进行创新。这种创新通常侧重于创造与客户互动或增强消费者体验的新方式。例如,亚马逊使用其客户群的数据,以及与物流提供商的合作伙伴关系,在交付速度和个性化推荐方面进行创新。最后,针对组织创新,与咨询公司、业务分析师和管理专家的直接连接可以支持组织创新。这些合作伙伴关系为简化运营、加强公司文化或重组内部流程以提高效率提供了机会。例如,丰田与行业制造专家的直接连接帮助该公司革新内部制造流程并提高了生产效率。

综上所述,企业与外部实体之间的直接连接是促进企业创新的关键,因为它能使企业获得新的知识、技术、资本和市场。这些关系——

无论是与供应商、客户、研究机构、竞争对手还是政府——都为企业在日益互联和竞争激烈的世界中推动创新提供了必要的外部资源和专业知识。战略性地管理和利用与外部利益相关者的直接连接，企业能够更好地提升其创新能力，加快新产品和服务的开发，并保持竞争优势。

2.4.2　间接连接与企业创新

在创新网络中，间接连接是指不直接合作但通过中介或其他方式联系的企业之间的关系。这一关系使企业能够从创新网络中超越直接连接之外的部分获取知识、资源、技术和能力，因此，间接连接在企业的创新过程中起着至关重要的作用。

(1)间接连接的内涵与特征

在创新网络中，企业并非孤立的，而是更广泛的生态系统的一部分。在这个生态系统中，当两家企业通过共同的合作伙伴或者中介相互关联，但不直接开展合作之时，就存在间接连接。例如，A公司与B公司合作，公司B与公司C合作，此时公司A和公司C则通过公司B间接关联，即使公司A和公司C并未直接开展合作。企业通过间接连接会形成一个更大的互动网络，从而促进知识和技术的传播。

间接连接是创新网络结构的重要特征之一，其具有以下特点：首先，间接连接是知识和创新溢出的重要机制。当一家企业通过共同的合作伙伴间接与其他企业建立联系时，其开发的创新和最佳实践可以传播到间接关联的另一端企业。假设公司A(一家科技公司)与公司B(一家材料供应商)合作，公司B与公司C(一家从事人工智能的初创公司)合作。A公司虽然没有直接与C公司合作,但可能通过与B公司的联系间接受益于人工智能的创新,即B公司采用C公司的人工智能工具或知识并与A公司分享。其次,间接连接有助于创新网络中的企业之间传播新的想法和实践。一家企业引入的创新可以通过中间合作伙伴传递,这可能会激励其他企业采用类似的解决方案或在此基础上进一步发展。例如,如果一家大公司采用了一种新的产品开发流程,这种创新可能会通过其共同合作伙伴传播给其他网络成员,然后这些成员也采用新流程,引致整个行业在产品开发方式上的转变。最后,间接连接为企业提供了战略灵活性。如果与直接连接的合作遇到挑战或失败,则企业仍然可以利用间接连接来获得创新机会,使得企业减少对任何单一合作伙伴的依赖。

(2)间接连接对企业创新的价值

鉴于间接连接的上述特征,间接连接可以对企业的创新能力产生重大的积极影响,尤其是通过不那么直接但仍然强大的互动促进知识传播和创新(Ahuja,2000a;Freeman,1991;Gulati,1995a;Gulati and Garguilo,1999;Granovetter,1982;Haunschild,1993;Karamanos,2012;Vanhaverbeke et al.,2012)。首先,间接连接可以推动共同创新,使企业能够汇集来自网络不同部分的想法、技术或流程,从而促进在直接合作中不可能实现的创新。例如,苹果和特斯拉不是直接合作伙伴,但两者通过共享的电池技术和自动驾驶系统供应商间接连接在一起,从而为两家公司各自的产品带来突破。其次,间接连接会增加企业网络的规模和多样性,从而提升创新的效率、放大创新的效果。当多家公司通过间接连接采用类似的创新或技术时,可能会引致更快的技术进步、标准化及创造新的市场机会。例如,区块链技术最初被一小群公司(如比特币矿工)采用,但这些公司通过金融部门(如银行和支付处理商)与其他企业间接关联之后,区块链得到了广泛认可和发展,最终引致了物流、医疗保健和合同管理等领域的创新。再次,间接连接有助于扩大企业的知识来源和创新视野,为技术发展、产品多样化或市场进入开辟新的道路。通过间接连接联系起来的企业受益于来自不同行业、地区或技术的不同知识来源,从而促进了思想的"异花授粉",开拓了创新视野。例如,一家纺织公司通过共同供应商间接与一家生物技术公司合作,将纺织专业知识与生物技术创新相结合,提出创新的环保面料设计。最后,通过利用网络中已经开发的知识和资源,企业可以避免"重新发明轮子"即无须直接投资于已有的技术,从而加快创新进程,降低研发成本。例如,一家与大学研究实验室有间接连接的医疗保健公司可能会提前获得实验室对新药化合物的研究结果,而自己不仅无须资助整个研究过程,而且还可以利用既有成果快速推进新药研发。

(3)间接连接产生的挑战

虽然间接连接提供了许多好处,但也带来了需要企业谨慎管理的重大挑战(Ahuja, 2000a; Gilsing and Nooteboom, 2006; Gulati and Garguilo, 1999; Rowley et al., 2000; Vanhaverbeke et al., 2012)。首先,企业无法直接影响间接连接的行为,这种缺乏影响力的情况可能会使创新成果与企业的战略目标难以保持一致。例如,一家受益于开源社区间接连接的软件公司可能很难确保来自该社区的创新与其商业利益或专有开发目标保持一致。其次,缺乏影响力的情况还使得管理间接连接网络变得非常复杂,从而导致企业无法确保以及时和可用的形式获取网络中的重要信息、想法或创新。最后,间接连接也可能使企业面临知识泄露的风险。当网络中的公司共享一个共同的合作伙伴或供应商时,专有信息可能会通过合作伙伴或供应商传递给意想不到的第三方甚至竞争对手,从而产生知识产权风险。

总之,间接连接为企业提供了获取新知识、资源、市场和能力的途径,可以加速其创新过程,同时降低创新所需的成本和时间。然而,间接连接与企业创新之间的关系同时也是复杂的,必须谨慎处理。通过战略性地利用间接连接,企业可以提高其创新能力,并在快速变化的行业中创造竞争优势(孙笑明等,2014a;钱锡红等 2010;张晓黎和覃正,2013;曹霞和宋琪,2016;王巍等,2017)。

2.4.3 跨越结构洞/担任中介与企业创新

结构洞是指网络中的缺口。一家企业在网络中占据一个可以弥合这一缺口的位置,则被称为中介。这一独特的地位为这家企业控制信息流、连接不同的知识库以及在网络中不相连的部分之间创造协同效应提供了机会,并最终推动企业创新(Burt,1992)。[①]

[①] 以往研究也指出,较之跨域结构洞的松散型网络,紧密型网络有助于产生集合性社会资本(collective social capital)并有效地约束联盟成员的机会主义行为以及促进联盟成员之间的信任与合作,进而提升企业创新(Ahuja, 2000a; Coleman, 1988; Granovetter, 1985; Gulati, 1998; Gulati et al., 2000; Hagedoorn and Duysters, 2002; Larson, 1992; Lavie et al., 2022; Reagans and McEvily, 2003; Vanhaverbeke et al., 2009; Walker et al., 1997)。关于松散型网络和紧密型网络孰优孰劣,目前的研究认为两种网络结构其实各有千秋,并无绝对优劣可言,在很大程度上可以通过理解具体的运用情境(contingency)来协调二者的冲突与矛盾(Burt, 1997, 2000; Koka and Prescott, 2008; Rowley et al., 1997; Vanhaverbeke et al., 2012)。

(1)结构洞的内涵

在创新网络中,企业通常被表示为节点,它们之间的关系就是它们之间的纽带。结构洞是指网络中两个节点(即企业)之间的缺口,即这两个节点没有直接连接,但可以通过中介节点连接。根据罗纳德·伯特(Ronald Burt)提出的结构洞理论,某些个人或组织通过在网络中占据中介的位置来获得竞争优势,在这一位置上,他们可以控制或调解没有直接连接的各方之间的关系。在创新网络的背景下,占据弥合结构洞的位置的中介节点可以通过充当知识、资源或商业机会的"看门人"来提取价值。因此,结构洞的存在往往为创新、商业交易或知识转移创造机会,因为网络中不相连的企业需要依靠中介来获取彼此的资源或能力。而中介企业通过弥合结构洞来获取企业之外的知识和资源,并借此提升企业自身的创新能力与创新效果。

(2)跨越结构洞/担任中介对企业创新的重大价值

跨越结构洞/担任中介在理解创新网络对企业创新的影响方面起着至关重要的作用(Baum et al.,2000;Burt,1992;Leonard-Barton,1984;McEvily and Zaheer,1999;Schilling and Phelps,2007;Zaheer and Bell,2005),具体如下:

第一,跨越结构洞使企业能够收到和运用来自网络不同部分的不同知识。具体而言,创新往往发生在不同领域的交叉点。一家跨越结构洞的企业可以接触来自不同行业或部门的知识,汇集单个群体中无法出现的新想法。例如,一家科技公司作为医疗保健提供商与生物技术公司之间的中介,可能会将医疗保健行业的见解与新的生物技术发展相结合,创造出创新的医疗设备或健康监测软件,而这些设备或软件在任何一个行业都无法单独构想。位于结构洞交叉点的企业可以充当中介,将知识从网络的一个部分转移到另一个部分,促进思想、技术或资源在相互脱节的企业或团体之间的流动,通过鼓励以前未连接的企业或组织进行协作来促进创新。例如,一家时装公司作为设计师与材料科学专家之间的中介,可以通过将材料科学的新技术引入时装设计过程,创造一个全新的产品类别,从而推动智能面料的发展。

第二,跨越结构洞可以增加获取多样化资源的机会,处于结构洞交叉点的企业可以获得更广泛的资源,无论是技术进步、专业知识还是金融资本,这些资源可能无法在网络的单个部分中获得。例如,位于人工智能领域的初创公司与消费电子领域的大公司之间的一家风险投资公司,可以利用人工智能的进步来帮助其企业客户更快地开发智能家居设备,从而促进产品创新。弥合结构洞的企业还可以充当资源连接器,帮助企业从网络的各个部分获取重要资源(如资金、人才或技术)。通过促进这些资源的流动,中介企业可以显著提高自己的创新能力。例如,一家位于学术研究人员与制药公司之间的生物技术公司可能会将研究人员的发现与资本和制造能力联系起来,从而快速开发新的药品或治疗方法。

第三,跨越结构洞的中介企业可以促进协同创新,使原本并不互动的网络成员能够参与共同创造。通过弥合不同群体之间的差距,中介企业可以创造新的合作机会,促进依赖于整合不同技能和知识的创新。跨越结构洞的企业可以促进网络成员之间的合作关系,否则它们之间无法相互接触。此类合作关系可以带来共同创新的机会,企业可以集中资源和专业知识来开发新的解决方案。例如,一家通过其网络与汽车公司建立联系的软件开发公司可能会通过在软件工程师与汽车设计师之间建立伙伴关系来促进自动驾驶软件的创建,从而实现在单一部分不可能实现的联合创新。通过弥合结构洞,中介企业还可以扩大其创新生态系统,引入带来不同能力、专业知识或市场准入机会的新合作伙伴或利益相关者。由此开辟新的创新途径,帮助中介企业应对需要多样化技能的更大、更复杂的挑战。例如,一家位于环保组织、企业合作伙伴和政府实体之间的以可持续发展为重点的公司可以发起合作,在碳捕获或可再生能源解决方案等绿色技术方面进行创新,从而通过利用广泛的生态系统来应对全球挑战。

第四,跨越结构洞通过更快地提供关键知识和机会,帮助企业缩短创新周期。处于结构洞交叉点的企业可以促进更快的决策和知识流动,从而缩短产品开发时间并尽快上市。例如,一家开发尖端人工智能的初创公司可以利用其在研究机构与风险投资者之间的结构洞,快速获得资金和技术,使其能够在竞争对手之前将产品推向市场。跨越结构洞的企业还可以通过利用网络多个部分的可用信息来及时识别新兴趋势或市场需求,更快地应对不断变化的市场状况。例如,一家位于市场分析师与制造商之间的零售商可能会迅速调整其产品以满足新的消费者偏好。

第五,跨越结构洞不仅可以推动创新,而且可以降低风险,特别是与知识泄露和依赖性相关的风险。跨越结构洞的中介企业通常与不同的合作伙伴合作,从而降低了依赖任何单一伙伴的风险。如果网络的一部分面临挑战(例如金融系统不稳定、技术故障或市场中断),中介企业就可以将重点转移到网络的其他部分,确保创新工作继续进行。例如,一家位于云服务提供商与硬件制造商之间的科技公司可以通过快速将重点转移到另一个领域来降低原来所处行业中断的风险,确保其创新渠道保持完整。此外,通过控制网络断开部分之间的信息流,中介企业可以管理知识泄露的风险。这种控制知识流的能力可以保护专有信息和知识产权,确保企业不会无意中与非预期方共享敏感的创新知识。例如,药品中介可以促进生物技术初创公司与大型医药公司之间的知识交流,同时确保有选择地共享专有研究数据或早期药物开发信息,在此过程中保护知识产权。

(3)跨越结构洞/担任中介带来的风险和挑战

虽然跨越结构洞可以带来重大创新机遇,但也伴随着风险和挑战(Ahuja,2000a;Coleman,1988;Schilling and Phelps,2007)。具体而言,跨越结构洞的中介企业可能会过于依赖其作为中介的地位。如果它们的地位受到损害(例如,原本没有联系的企业之间形成了直接连接),中介企业就会失去竞争优势。此外,作为网络断开部分之间的中介,需要有效地协调各方并进行信任管理。在结构洞中充当中介的企业需要在网络的不同部分之间保持多种关系,确保信息在相互脱节的企业之间顺利流动,同时必须获得各方的信任。如果网络中的合作伙伴认为中介企业将自己的利益置于他们的利益之上,就可能导致冲突和关系破裂。例如,如果客户认为咨询公司没有公平地照顾他们的利益,或者向竞争对手泄露敏感信息,那么作为中介的咨询公司就可能遇到困难。

因此,在当今复杂的商业生态系统中,跨越结构洞与企业创新之间的关系是复杂的(李晨蕾等,2017;孙笑明等,2014a、2014b;章丹与胡祖光,2013;赵炎与刘忠师,2012)。通过有效应对跨越结构洞的挑战,企业可以获得更广泛的知识、资源和机会,并通过知识传播和跨部门的合作来促进创新。

综上所述,直接连接、间接连接和结构洞之间的相互作用塑造了创新网络对企业创新的动态影响。直接连接提供了稳定、信任和强有力的合作,但无助于企业获取合作伙伴圈子之外的新信息或机会。间接连接虽然扩大了创新网络的范围,为企业接收伙伴圈子之外的新知识创造了机会,但是相对不太可靠且更难管理。跨越结构洞为将自身定位于网络关键节点的中介企业创造了机会,允许知识和资源的交叉传播,但这一优势也伴随着过度依赖和难以管理的风险。因此,一个有效的创新网络通常会平衡上述三种结构特征,确保其兼具弹性与创新性,既允许企业利用直接连接的优势,也对间接连接和跨越结构洞所提供的机会持开放态度。

第 3 章

创新网络中的竞争对手与联盟治理机制

当企业进入创新网络中,企业可能会与其竞争对手直接或者间接连接。本章将分别从与竞争对手的直接连接和间接连接两个视角讨论其对企业创新的影响。同时,为有效管理创新网络中企业与其竞争者之间的关系,企业可以通过精心设计联盟治理机制,以最大限度地发挥联盟(创新网络)的价值并实现其战略目标。因此,本章在分析与竞争对手直接连接和间接连接的基础上,进一步探讨基于契约、股权和信任三种类型的联盟治理机制如何帮助企业促进创新。

3.1 与竞争对手的直接连接

与竞争对手的直接连接是指企业与其竞争对手建立联盟。这一类型的联盟有点违反直觉,因为竞争对手的目标通常是在创新、市场份额和产品开发方面超越对方。但是,竞争对手之间的联盟也可以在合作伙伴之间实现互惠互利(Ahuja,2000b;Chen,2008;Gnyawali and Park,2011;Quintana-García and Benavides-Velasco,2004;Ritala et al.,2009;Teece,1992)。第一,合作伙伴可以共享资源和分担成本。企业研发活动通常需要专业技能、关键技术和设施。通过与竞争对手合作,企业可以利用内部可能缺乏的更广泛的专业知识或独特能力来提升竞争力。此外,企业高风险的研发或者创新通常十分昂贵。通过结成研发联盟,竞争对手可以分担研发活动的重大财务成本,从而使得每家公司都可以探索各自独立难以承担的新技术或新产品。在生物医药行业,竞争对手有时会结成研发联盟,分担药物开发的成本和风险,尤其是在癌症或罕见病等需要大量投资于开发和测试的疾病治疗领域。第二,竞争对手通常具有不同的观点、技术方法和优势,通过联盟合作,它们可以取得任何一家公司都无法独自实现的突破——其原因在于合作各方观点和方法的多样性可以带来更具创新性的解决方案。此外,通过集中资源,联盟企业可以比单一企业更快地将新产品推向市场,因为合作伙伴彼此分工且专注于研发过程的不同部分,而非在相同的技术上重复工作,从而提升产品开发速度。第三,企业与竞争对手可能会合作制定有利于所有相关方的行业标准,以满足新法规或监管要求,如环境可持续性倡议或安全标准等。第四,两个竞争对手可能会结盟,以对抗一个更大、更具优势的竞争对手。例如,一个市场中的中小型公司可能会联合起来与一个通过卓越技术或资源优势占据主导地位的巨头相竞争。

虽然与竞争对手直接连接的潜在利益是巨大的,但也存在着重大的考验(Chen et al.,2007;Dussauge et al.,2000;Hamel et al.,1989;Khanna et al.,1998;Oxley and Sampson,2004;Park and Russo,1996)。首先,在与竞争对手合作时最大的问题之一是知识产权的泄露风险,这会导致企业之间不愿分享专有信息或技术,担心这可能会给竞争对手带来竞争优势。因此,合作伙伴之间必须制定明确的合同和条款,以确保知识产权得到保护,并确保任何新发现或新技术在合作伙伴之间得到公平分配。其次,合作伙伴之间潜在的竞争关系会导致彼此不信任,各方都想知道对方是否在利用合作来获得优势。为此,合作伙伴之间还必须进行有效的沟通并建立信任机制。再次,如果合作伙伴之间的目标出现分歧,或者合作项目一时无法取得成果,彼此之间的竞争关系就可能导致合作过早结束,以致投入的时间和资源完全浪费。最后,与竞争对手合作也可能影响客户、投资者和整个市场对企业的看法。比如,一些客户可能会将与竞争对手直接连接视为一种积极的发展(更好的产品或者创新等),而另一些客户则可能将其视为垄断或减少竞争的企图。

竞争对手之间的联盟具有高度的战略意义,使公司之间能够分担创新的成本和风险,同时在快速发展的市场中保持竞争力。此类联盟为联盟企业提供了诸多优势,例如汇集知识、加速新技术开发以及更好地应对监管变化、市场的不确定性或更强大的竞争对手等外部挑战。然而,上述合作也需谨慎管理知识产权、联盟伙伴之间的信任和竞争动态,以确保有效合作和互惠互利。

3.2 与竞争对手的间接连接

与竞争对手的间接连接是指在创新网络中,企业虽然未与竞争对手直接合作,但是通过中介与竞争对手产生间接关联。这一联系可以通过多种方式予以表现,比如企业与其竞争对手从同一供应商处采购材料、组件或服务,或者企业与其竞争对手接受同一金融机构或者投资者的投资,或者企业与其竞争对手与同一家第三方企业建立联盟。

3.2.1 与竞争对手的间接连接对企业创新产生的积极影响

毋庸置疑,与竞争对手的间接连接在促进企业创新方面发挥着至关重要的作用(Ahuja,2000b;Gnyawali and Park,2011;Yuan et al.,2020)。这一连接营造了一种环境,在这种环境中,彼此未直接连接的同行仍然受益于其所在的创新环境。

第一,知识溢出是间接连接最重要的积极影响之一。企业可以通过与竞争对手间接关联,共享供应商、客户或行业论坛,从而获得有价值的见解或新想法。这种吸收外部知识的过程使企业能够及时了解最新的趋势、技术和市场需求,有助于企业做出更明智的决定,并相应地调整创新战略。例如,企业可以通过共享供应商间接向竞争对手学习。供应商经常与多家公司合作,并可能将创新从一个客户带到另一个客户。如果竞争对手共享某个组件的供应商,该供应商就可能分享他们如何帮助其他公司创新的见解,从而让所有客户都接触到上述新知识。

第二,与竞争对手的间接连接产生了一种鼓励企业创新的竞争压力。虽然企业与其竞争对手之间没有直接连接,但它们仍然通过共同的客户、供应商或行业网络了解彼此的活动。观察竞争对手的表现或它们的技术进步会给企业带来创新压力。这种压力可以刺激企业开发新产品、改进现有技术或探索新市场,以保持或增强其竞争地位。例如,当一家公司通过共享供应商或行业报告注意到竞争对手的技术突破或产品发布时,它可能会感到有必要进行创新作为回应。竞争对手正在进步的知识可以促使公司改进自己的产品,并在失去竞争优势之前采用更优越的解决方案或创新。

第三,间接连接可能会促使企业与其竞争对手之间共享资源、合作创新,使所有相关公司受益。通过与中介(如行业联盟、标准制定机构)的共享联系,企业与其竞争对手可以共享见解、共同开发技术或参与共享研发工作,以应对共同挑战。例如,同一供应链中的公司可能会共同开发一种对每个成员都有利的新材料或工艺创新。通过在共同感兴趣的领域集中资源和分享专业知识,企业可以更有效地创新,并突破自身的局限。

第四,与竞争对手的间接连接可以促进同行之间的思想交流。间接连接可以创造一种环境,在这种环境中,企业可以接触到竞争对手正在采用的技术、战略和想法。例如,一家公司通过共享客户或供应商可能会注意到竞争对手对特定问题的新技术或方法的使用。这可能引致公司将类似的想法纳入自己的流程或产品中,从而对其进行改进或以一种新的独特方式应用于新的环境。此外，通过间接连接接触不同的技术、产品或商业模式，可以促使企业跳出当前的竞争格局，探索新的创新途径。

第五，间接连接使公司能够观察竞争对手的成功与失败，并从中吸取经验与教训。与竞争对手有间接连接的公司可能会观察竞争对手是如何取得成功的，然后以自己独有的方式复制或调整这些策略。同时，学习竞争对手的失败之处与从成功中学习同样重要。通过共享网络，企业可以深入了解竞争对手在产品开发、市场进入以及技术采用等领域面临的挑战。通过分析竞争对手的失误，公司可以避开这些陷阱。例如，如果竞争对手遇到供应链问题或产品召回，与之间接连接的企业可能会认识到根本原因，并采取措施避免类似的问题。这种从别人的错误中学习的方式可以帮助企业更有效地创新。

第六，通过间接连接，企业在应对竞争对手推动的市场变化方面变得更加灵活。观察竞争对手对客户偏好、技术进步或监管变化的反应，可以帮助企业预测这些变化并迅速采取行动。如果竞争对手推出新功能或产品以满足客户需求，与该竞争对手间接连接的企业就可能通过将类似功能集成到自己的产品或服务中来快速适应；甚至企业可以开拓独特的产品或者服务，从而在市场上脱颖而出。这种对市场动态的快速反应有助于企业在不断变化的市场环境中保持竞争力和创新性。

第七，与竞争对手的间接连接可以带来更具成本效益的创新。通过共享供应商、技术提供商或研究平台，企业能够利用规模经济或获取共享资源，降低创新的成本。例如，如果同一行业的多家公司共享一个共同的技术基础设施，它们就可以降低开发成本，并从由此产生的创新中受益。此外，公司还会间接受益于竞争对手之前在研发方面的投资。例如，如果竞争对手开发了一项基础技术或基础设施，通过共享供应商或行业网络间接连接的公司可能会以较低的成本采用这项技术，使它们能够在不承担全部开发成本的情况下进行创新。

第八，通过与竞争对手的间接连接，企业可以收集有价值的生态系统情报，使企业对行业生态系统有更广阔的视野。了解这些生态系统有助于企业掌握从供应商、分销商到客户和技术提供商的整个价值链演变过程，并在市场中优化战略定位和捕捉创新机会。

3.2.2　与竞争对手的间接连接对企业创新产生的消极影响

虽然与竞争对手的间接连接可以带来诸多好处，但也会对企业创新产生消极影响，可能会抑制创新或使创新过程复杂化（Edris $et\ al.$，2024；Hernandez $et\ al.$，2015；Pahnke $et\ al.$，2015；Ryu $et\ al.$，2018）。

第一，与竞争对手间接连接的后果之一就是模仿的诱惑。当企业通过中介接触到竞争对手的想法、产品或技术时，它们可能倾向于复制竞争对手的解决方案，而不是追求原创。这种模仿的冲动可能导致企业采用渐进式的改进方案，而不是突破性的创新，甚至随着时间的推移，模仿的理念会根深蒂固并形成专注于模仿的企业文化，最终扼杀企业在市场上形成差异化竞争力的机会。

第二，与竞争对手的间接连接可能导致企业采用生态系统中普遍存在的行业规范、技术或战略。当企业通过间接连接观察竞争对手的战略和实践时，它们可能会与行业惯例和最佳实践保持一致，以避免落后。虽然这可能是一种安全的方法，但也可能导致"创新锁定"，即企业过度依赖现有的解决方案和方法，从而阻碍其探索颠覆性创新，甚至在需要范式转变时还会抵制变革。此外，这种一致性也可能导致"羊群效应"，即许多公司遵循相同的道路或采用类似的技术，这使得市场上的产品或服务变得过于雷同。相应地，企业也无法追求偏离既定行业规范的创新机会。

第三，与竞争对手的间接连接可能使企业面临知识产权纠纷的风险。例如，当一家企业通过中介了解竞争对手的创新或技术时，该企业可能无意中采用类似的想法或技术，从而招致知识产权侵权指控。反之，对侵权的担忧可能扼杀创新，因为企业可能在涉及竞争对手的网络中犹豫是否分享或探索新想法，担心竞争对手可能利用获得的知识开发类似的产品。这种对知识产权被侵权的恐惧会减少协作，限制知识共享，最终抑制创新。

第四，与竞争对手的间接连接可能造成创新疲劳，特别是如果企业不断对竞争格局的变化做出反应或试图保持领先于竞争对手之时。基于对竞争对手战略的间接观察而产生的创新压力可能导致企业创新更多的是由对竞争对手的反应驱动的，而不是追求更自主或更长期的创新愿景，因为企业会根据其认为竞争对手正在做的事情不断调整它们的战略或产品。例如，一家企业可能会高估保持领先于特定竞争对手或试图与之匹敌的重要性，导致其将精力集中于与间接连接的竞争对手之间的竞争，而不是开发满足自己客户独特需求的产品或服务。

第五，与竞争对手有许多间接连接的企业可能经历信息过载。能够访问有关竞争对手、行业趋势和技术进步的大量数据是一种优势。然而，如果企业没有明确的战略重点，过多的信息就可能导致决策瘫痪。换言之，企业虽然收集到关于竞争对手研发活动的大量信息，但是很难断定哪一项才是最重要的创新，从而可能推迟决策，延缓创新。

第六，与竞争对手的间接连接可能导致共享创新资源的稀释。例如，如果一家企业与同时为竞争对手服务的供应商、技术提供商或分销商合作，上述各方的共享资源或知识可能会被同时分给企业与其竞争对手，导致资源稀释。此外，如果联盟网络中的竞争对手与相同的第三方（如技术提供商）合作，企业就可能无法独家获得最新的创新理念和资源，从而减少获得竞争优势的机会。

总之，虽然与竞争对手的间接连接可以提供学习、协作和洞察行业的机会，但也可能对企业创新产生重大的负面影响。因此，企业须谨慎管理此类间接连接，以确保其能够从中受益，同时尽量减少潜在的不利因素，在向他人学习与追求原创之间保持平衡。

3.3 联盟治理机制

联盟治理机制是指企业用于管理和监督与合作伙伴之间关系的结构、流程和工具。这一机制确保合作伙伴之间的利益一致性，风险得到有效管控，合作保持可持续性且富有成效。有效的治理对于联盟的成功至关重要，有助于确保合作伙伴在目标上保持一致，并能够解决冲突和适应环境变化。通过精心设计和运用联盟治理机制,企业可以最大限度地发挥联盟的利益并实现其战略目标。

联盟治理机制包括正式治理机制和非正式治理机制。正式治理机制包括基于契约的联盟治理机制和基于股权的联盟治理机制;非正式治理机制包括基于信任或者社会关系的联盟治理机制。正式的治理机制对于制定规范体系较为重要,而非正式治理机制侧重联盟伙伴之间的信任、合作和持续沟通,对于联盟的日常管理较为重要。

3.3.1 契约式联盟治理机制

作为一种正式的治理机制,契约式联盟治理机制依据具有法律约束力的合同条款来规定企业联盟中合作伙伴的权利和义务(Contractor and Reuer,2014;Kranenburg *et al*.,2014)。这一机制对于建立明确的界限、确保相互理解和管理合作伙伴关系中的风险因素至关重要。联盟合同通常包括各种条款,涉及伙伴关系的运营和战略方面。第一,合同通常会规定联盟的目的和旨在实现的目标,如产品创新、市场扩张、降低成本或技术进步等。第二,合同会规定联盟中每个合作伙伴的具体角色和责任,包括每家公司对合作伙伴关系的贡献(如技术、专业知识、资本、设施),以及每个合作伙伴将履行的义务(如提供研发支持、营销产品、管理运营)。第三,合同通常涉及在合作期间创建或共享的知识产权的所有权、使用和保护,包括在联盟过程中开发的技术或产品将如何在合作伙伴之间共享或分配。第四,合同通常规定如何在公司之间分配财务资源和财务收益,如投资、联合销售收入和支出。第五,合同会规定联盟的决策过程,确定谁有权做出关键的战略、运营或财务决策。第六，合同还会规定联盟的期限，包括开始和结束日期，以及联盟终止或延长的条件。联盟合同的一个重要方面是退出策略，即规定任何一方退出联盟的条件，以及解散后资产、知识产权和财务将如何分割。第七，合同通常还包括争议解决机制，这可能涉及调解、仲裁或诉讼程序等。

一般而言，契约式联盟治理机制具有以下优势（Contractor and Reuer，2014；Kranenburg et al.，2014）。首先，正式合同明确了每个合作伙伴的权利、责任和义务，这有助于防止争议和误解。如果发生违约或冲突，则合同为有关各方提供法律保护，使它们能够通过法律渠道寻求救助。其次，合同可以在合作伙伴之间适当地分配风险，确保在失败或意外情况下，某一合作伙伴不会承担不公平的责任。例如，合同的退出条款、争议解决条款和知识产权保护机制都有助于有效管理风险。再次，合同为解决分歧提供了一个正式机制，确保以有序和高效的方式解决问题，这对于维持合作伙伴之间的关系和确保联盟顺利运作至关重要。此外，合同还可以通过对财务回报、知识产权使用和运营贡献设定明确的期望来协调合作伙伴的利益；通过明确利益和风险的分担方式，合同可以激励各方为伙伴关系的成功而努力。最后，在一方未能履行义务或违反协议条款的情况下，合同的法律约束力有助于各方相信它们的投资和利益可以得到保护。

虽然契约式联盟治理机制拥有许多优势，但也存在一些潜在的缺陷（Hagedoorn et al.，2005；Oxley and Sampson，2004；Walter et al.，2015；Xu et al.，2014）。首先，合同有时会变得过于僵化，尤其是在长期或复杂的联盟中。商业环境可能会发生变化，在联盟初期签订的合同可能不再反映不断发展的目标、技术或市场条件。如果合同没有足够的灵活性,合作伙伴就可能发现之前的合同难以适应新的机遇或挑战。其次,谈判、起草和执行合同可能代价高昂,特别是在复杂的联盟中。在某些情况下,拟定合同条款所花费的时间和资源可能超过其带来的好处。持续监控和执行合同条款也会增加交易成本,特别是在合作伙伴需要管理大量合同义务的情况下。此外,尽管存在正式合同,合作伙伴仍可能参与机会主义行为。例如,试图利用漏洞重新谈判对其有利的条款或隐瞒关键信息,在合作伙伴之间缺乏信任的情况下尤其如此,这可能会破坏双方合作的意愿。

综上所述,契约式联盟治理机制是建立在明确、可执行合同条款的基础上的。通过定义合作范围、角色和责任、财务安排和知识产权,这些合同条款为合作关系提供了坚实的基础,并有助于管理风险、解决冲突和保护所有相关方的利益。然而,尽管契约提供了法律保护和明确性,但也可能带来与合同刚性、执行和交易成本相关的挑战。因此,公司必须仔细设计合同协议,在刚性规则与适应长期合作过程中不断变化的情况所需的灵活性之间取得平衡。

3.3.2 股权式联盟治理机制

股权式联盟治理机制是指一家企业持有另一家企业的所有权,或者两家企业共同投资于一家合资企业的特定安排(Li et al.,2012; Ryu et al.,2018)。这一类型的治理机制是由相关各方的股权投资驱动的,这赋予了它们相应的经济利益,并在被投资方或合资企业中拥有决策权。股权式联盟治理机制包括两种形式:一是一家企业持有另一家企业的少数股权。这种安排允许投资企业影响合伙人的决策,同时保持相对有限的控制权。这种结构允许企业获得资源或能力(如技术、市场、分销网络),而不需要对合作伙伴进行完全控制。二是由两家或多家企业创建一家合资企业来管理它们的共同活动。每个合伙人都贡献资本、资源或专业知识,以换取所有权。当合作伙伴希望在大型项目上合作、进入新市场或集中资源开发新产品或技术时,通常会采用合资企业形式。合资企业的治理是正式的,每个合作伙伴通常都有发言权,但须依据其股权比例和商定的治理结构。

股权式联盟治理机制主要包括以下特征(Ryu *et al*. ,2018;Xu *et al*. ,2014):首先,股权式联盟涉及一方通过股权投资持有另一方的所有权股份或参股合资企业,而股权的数量通常与每个合作伙伴的财务贡献成正比。其次,股权式联盟往往引致共享决策权。每个合作伙伴的股权通常包含投票权,并转化为对公司治理、资源分配和运营方向等战略决策的影响。治理结构可能包括董事会、管理团队或咨询委员会,其中每个合作伙伴在决策过程中都有与其所有权比例相称的发言权。再次,股权式联盟还决定了利润和亏损的分配方式。股权式联盟中的合作伙伴根据其所有权比例分享经济回报(如股息以及合资企业利润等)。同样,它们承担一定比例的损失或风险,各方的风险敞口水平通常与其投资程度相一致。此外,股权式联盟通常涉及关于股权转让的规定。如果合作伙伴想要退出或减少对企业的承诺,合作伙伴关系就可以据此作出相应的调整。最后,在股权式联盟中,少数股权股东可能拥有特定的权利或保护,以防止多数股权合伙人做出对它们不利的决定。

股权式联盟治理机制拥有诸多优势(Chen and Hennart,2004;Li et al.,2012;Nielsen,2010;Ryu et al.,2018;Xu et al.,2014)。第一，在股权式联盟中，因为合资实体或被投资企业的业绩直接影响合作伙伴的财务回报，所以它们的利益更加一致。这有助于减少利益冲突，提高对联盟目标的承诺水平。第二，股权式联盟使企业有机会获得宝贵的资源。企业可以利用其合作伙伴的专业知识或市场地位，而不需要完全整合被投资一方，从而使企业能够快速扩张并增强竞争力。第三，股权式联盟允许分担与项目或市场进入相关的风险和成本。在合资企业中，合作伙伴共同承担企业运营的财务负担。与各自独立追求相同的机会相比，这种安排降低了每个合作伙伴的风险敞口。第四，与契约式联盟相比，股权式联盟提供了更多的决策控制权和与股权挂钩的投票权，这使得企业在合作伙伴或者合资企业的治理中拥有发言权，特别是在重大战略决策中拥有发言权。第五，股权式联盟可以在企业之间建立长期关系。共同的财务承诺促进了合作伙伴之间更大的信任和更深入的融合，这可以带来更有效的合作和协同效应。随着时间的推移，这种密切的关系可能会促进专有知识、创新和最佳实践的交流，从而获取竞争优势。

毋庸置疑，股权式联盟治理机制也存在不足之处(Holloway and Parmigiani,2016;Reuer and Ariño,2007;Xie et al.,2021)：首先，虽然股权式联盟可以协调各方利益达成一致，但如果合作伙伴有不同的战略目标或存在竞争关系，或者如果一方试图对决策施加不成比例的控制，则可能导致冲突。平衡股权合伙人之间的决策权对于防止一方主导治理结构或以牺牲另一方为代价推动其议程至关重要。其次，股权式联盟,特别是合资企业,通常涉及复杂的治理结构,涉及多个利益相关者。为了确保所有合作伙伴的利益都得到充分代表,需要成立董事会、联合管理团队或运营委员会在内的管理机构。治理结构越复杂,就越难确保决策有效。最后,剥离股权或退出联盟可能较为复杂。合作伙伴在出售其股份时可能面临估值问题,特别是在股份价值取决于共同努力的合资企业中。

有鉴于此,股权式联盟治理机制对于管理复杂、高风险的伙伴关系至关重要,在这些伙伴关系中,所有权和共享控制权在决策和资源共享中发挥着重要作用。股权式联盟治理机制拥有许多优势,但也存在诸多挑战,通过精心设计平衡控制、责任和奖励的治理结构,企业可以充分利用这一联盟治理机制,从而实现成功的长期合作。

3.3.3 基于信任的联盟治理机制

作为一种非正式治理机制,基于信任的联盟治理机制是指利用合作企业之间的相互信任来指导决策和规范合作关系(Connelly et al.,2012;Krishnan et al.,2016)。这一机制在很大程度上依赖非正式协议和相互期望,以确保合作伙伴履行职责、维系牢固的工作关系并实现目标。基于信任的治理通常用于企业寻求灵活性、敏捷性和长期合作的伙伴关系之中,从而避免采用契约或股权治理机制可能带来的僵化影响。

基于信任的联盟治理机制具有以下特点(Gulati and Sytch,2008):第一,基于信任的联盟建立在这样一种信念之上,即每个合作伙伴都将以伙伴关系的最佳利益行事。这一联盟通常依赖非正式协议或君子协定,在这些协议中,合作伙伴基于对其角色和目标的共同理解进行运作。合作的条款和范围可能不会正式写在合同条款中,但合作伙伴同意为共同目标而努力,并共享资源或信息。第二,基于信任的联盟的一个关键特征是其灵活性。由于该联盟依赖非正式协议和关系机制,合作伙伴可以快速适应商业环境、市场条件或战略目标的变化。这种灵活性在动态或快速变化的行业中尤为重要,因为僵化的合同无法适应新的挑战或机遇。基于信任的联盟中的合作伙伴可以更容易地调整其行为或资源承诺,以适应新的目标、市场条件或竞争格局的变化。第三,基于信任的联盟往往将长期合作关系置于短期利益之上,随着时间的推移,合作伙伴将建立更深层次的相互信任和理解,从而促进持续的合作和承诺。这种长期合作关系鼓励合作伙伴投资于彼此的成功,即使是在存在风险或不确定性的情况下。第四,开放透明度和有效的沟通是基于信任的联盟的基本要素。合作伙伴必须共享有关其运营、目标和挑战的关键信息,以确保能够做出明智的决策。透明度不仅有助于减少不确定性、误解或机会主义行为,而且使合作伙伴能够预测和回应彼此的需求,营造一个合作的环境,合作各方可以更坦诚地表达自己的意图和关切。第五,基于信任的联盟通常利用合作伙伴的社会资本和声誉来促进合作。如果一方在可靠性、诚信和道德行为方面享有盛誉,就可以鼓励另一方信任它并采取合作行动。在这种伙伴关系中,公司声誉的价值至关重要,因为它影响着合作伙伴如何看待彼此的承诺。基于信任的联盟中合作伙伴倾向于以维护或提升声誉的方式行事,避免可能损害声誉的行为。

基于信任的联盟治理机制的优势主要体现为以下几方面(Connelly et al.，2012；Goerzen，2007；Rahman and Korn，2010；Xie et al.，2021）：首先，基于信任的联盟在调整伙伴关系、资源分配以及应对市场等条件变化方面具有较大的灵活性。这种灵活性可以使联盟在应对新的机遇或威胁时更加敏捷，因为无须重新谈判复杂的合同条款或股权安排。其次，信任减少了对详细合同、正式监督或持续监控的需求，从而降低了与联盟相关的交易成本。依靠相互信任和非正式协议，合作伙伴可以避免昂贵的法律谈判以及官僚程序，从而产生更快的决策和更低的管理负担，因为合作伙伴是在相互理解的基础上而不是依据正式的治理机制采取行动。此外，信任鼓励合作伙伴之间的协作和知识共享，因为合作各方都更愿意披露可能有利于合作伙伴关系的敏感信息，并且企业也不那么担心机会主义行为或共享信息被滥用的风险。最后，基于信任的联盟通常侧重关系的长期发展，而不是短期目标。由此更有可能带来持续的成功，因为随着时间的推移，合作各方都会投资于伙伴关系，培养忠诚、相互理解和更深入的合作。随着信任的加强，企业还可能发现新的合作领域，或共同寻求更多单纯依赖合同安排所无法实现的合作机会。

虽然基于信任的联盟治理机制在合作伙伴拥有共同价值观、共同目标和成功合作历史的联盟中较为常见，但其并非没有缺陷（Keller et al.，2021；Solinas et al.，2022）。首先，信任是一种脆弱的机制。如果一方背叛了另一方的信任，比如一方没有完全致力于合作目标，或者一方隐瞒重要信息，这些机会主义行为就会对双方的信任关系造成重大损害。其次，基于信任的联盟通常缺少管理分歧、确保问责或绩效分配的明确机制。如果合作双方的关系变得紧张，或者一方或双方的期望没有明确表达或得到满足，此时缺乏明确的机制就会产生不必要或者难以解决的冲突和不确定性。最后，基于信任的治理在很大程度上依赖个人关系以及有效沟通、协作和管理冲突的能力。如果关键人物离职或领导层发生变化，联盟的信任基础就可能被破坏。如果合作伙伴之间存在文化差异或者人际关系紧张，基于信任的机制就可能难以有效运作，甚至导致合作伙伴之间的误解或合作失败。

基于信任的联盟治理机制使得联盟伙伴能够在正式契约或股权投资不可行或不可取的情况下依然可以高效合作。这一机制虽然具有显著的优势，但也并非没有缺点。因此，尽管基于信任的机制是有益的，但企业必须仔细培养、维护和监控其联盟内的信任关系，以确保基于信任的联盟治理机制得以正常运作。

第 4 章

竞争者构成的间接连接与企业创新产出[*]

4.1 引言

长期以来,学术界一直在研究企业的间接连接与企业创新产出之间的关系(Ahuja,2000b;Karamanos,2012;Vanhaverbeke et al.,2012)。当前的研究热点之一是着重于一种特定类型的间接连接,即竞争者构成的间接连接(Hernandez et al.,2015;Pahnke et al.,2015;Ryu et al.,2018),并深入研究当一家企业通过共同的联盟伙伴与其

---

[*] 本章内容源自王宁的研究论文"Indirect Ties to Competitors and Innovation Output in a Dual Market Structure Setting: Evidence from an Interfirm R&D Alliance Network in the Emerging Biopharmaceutical Industry"。此篇论文是王宁主持的国家自然科学基金项目"研发战略联盟网络中竞争者构成的间接连接对企业创新的作用机理与负面效应及其对企业结盟战略的影响研究"(项目批准号:71802129)的阶段性成果。

竞争对手建立间接联系时,此类由竞争者构成的间接连接如何影响企业的创新产出。研究竞争性合作关系(competition-oriented cooperation)这一领域的实证文献证实,与竞争对手直接结盟的联盟伙伴之间存在紧张的竞争关系(Frankort,2016;Lioukas and Reuer,2020)。与此类似,如果企业通过共同的联盟伙伴与其竞争对手建立间接联系,目前的研究认为企业与其间接关联的竞争对手之间就也存在类似的竞争关系,因此该企业需要关注与竞争对手间接联系所造成的知识泄漏或溢出的风险(Hernandez et al.,2015;Pahnke et al.,2015;Ryu et al.,2018)。然而,如果知识可以从一家企业通过其共同联盟伙伴泄露给与其间接关联的竞争对手,同样,这些竞争对手的知识就也可以通过同一路径反向传输给该企业。正如 Ahuja(2000b)所言,企业的间接连接具有双重作用,既可能是知识来源,也可能是竞争对手。然而,就笔者所知,截至目前仍然没有实证研究同时分析与竞争对手的间接连接产生的收益(当知识从竞争对手传递给企业时)和成本(当知识从企业传递给竞争对手时)。因此,为了填补这一空白,本研究旨在从间接连接双重作用的视角出发,进一步探讨由竞争者构成的间接连接对企业创新产出的影响。

本研究的对象是生物医药行业中的大型医药公司。从 20 世纪末至 21 世纪初,生物医药行业发展成为一个具有双元市场结构的高科技行业,即由一小群大型医药公司和一大群初创的小型生物技术公司共同主宰的行业(Hagedoorn et al.,2008;Roijakkers et al.,2005)。其中,大型医药公司在生物制药行业下游价值链即临床试验、监管批准和市场营销方面积累了丰富的经验与专长,而小型生物技术公司在生物制药行业上游价值链即药物初始研发方面拥有强大的技术能力（Hoang and Rothaermel，2010；Rothaermel and Boeker，2008）。因此，在生物医药行业的这一特定历史时期，大型医药公司更有可能与小型生物技术公司而不是其他大型医药公司建立药物研发联盟，从而获得最新的技术以弥补其内部研发能力的不足。同样，较之与同行合作，小型生物技术公司更可能与大型医药公司建立药物研发联盟，以补充其将技术能力转化为最终药品所需的后期临床试验和监管经验等。鉴于双方这一极强的互补性，这一时期生物医药行业中的绝大多数企业研发联盟是在老牌大型医药公司与初创的小型生物技术公司之间成立的（Adegbesan and Higgins，2011；Colombo et al.，2006；Diestre and Rajagopalan，2012；Roijakkers and Hagedoorn，2006；Rothaermel，2001）。[①] 因此，如图4—1所示，从大型医药公司的角度来看，在这种双元市场环境中，大型医药公司的研发联盟网络的特征表现为"大—小—大"的结构，即小型生物技术公司是其联盟伙伴，而其他大型医药公司是其联盟伙伴的合作伙伴。换言之，在这样一个"大—小—大"的联盟网络中，一家大型医药公司的（两步）间接连接（indirect ties at path distances of two）通常是其他大型医药公司，也就是其竞争对手。有鉴于此，依据上述联盟网络特征的分析，本研究以20世纪末至21世纪初的生物医药行业为分析背景，探究由竞争者

[①] 同样值得关注的是，初创的小型生物技术公司通常专注于某一细分的生物技术领域，而与小型生物技术公司建立研发联盟的大型医药巨头倾向于同时探索多个技术领域，而不是在某一领域进行大量投资。这一因素进一步导致这一时期生物医药行业中的研发联盟主要是在老牌大型医药公司与初创的小型生物技术公司之间成立的（Gilsing and Nooteboom，2006；Rothaermel and Deeds，2006；Vassolo et al.，2004）。

构成的间接连接对大型医药公司创新产出的影响。

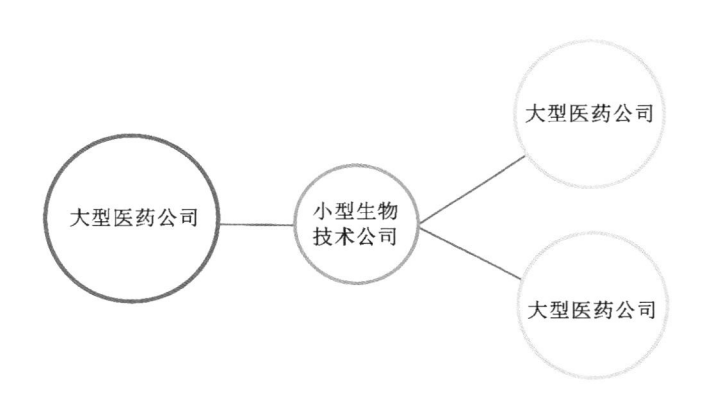

图 4－1 "大—小—大"联盟网络结构

企业创新可以区分为探索式创新和开发式创新。在本研究中,企业创新产出细分为技术创新产出和产品创新产出。其中,技术创新属于探索式创新,而产品创新属于开发式创新。研究结果指出,就企业的技术创新即探索式创新而言,由竞争者构成的间接连接所带来的知识流入的收益超过知识泄露的成本,因而竞争者构成的间接连接有利于企业的技术创新产出;就企业的产品创新即开发式创新而言,由竞争者构成的间接连接所带来的知识泄露的成本超过知识流入的收益,因而竞争者构成的间接连接有害于企业的产品创新产出。本研究的贡献在于揭示了竞争者构成的间接连接对企业创新的双重作用,即既是企业的信息源,又是企业的竞争者。因此,竞争者构成的间接连接对企业创新产出的最终结果取决于特定的企业创新类型。

4.2 理论背景和研究假说

4.2.1 理论基础

一般而言,当一家企业的联盟伙伴同时与其他企业建立联盟时,联盟伙伴可以将其与其他企业交流中取得的知识引入其与该企业的交流之中,反之亦然(Gulati and Garguilo,1999)。因此,企业的间接连接可以同时发挥两种不同的作用(Ahuja,2000b;Vanhaverbeke et al.,2012):一方面,间接连接可以充当企业外部知识的信息收集和筛选机制,从而拓展企业在联盟网络中的信息覆盖范围;当面对一个特定的问题之时,企业还可以激活其间接连接,借此锁定可能对当前问题提供有价值信息的信息源(Ahuja,2000);另一方面,联盟网络中的间接连接也是企业的竞争对手,因为此间接连接也能收集和利用网络中的同类信息。如果联盟网络中的信息可以同时被企业与其间接合作伙伴使用获利,而网络中一家公司对该信息的获利性使用排除了另一家企业最富有成效使用的可能性,那么来自联盟网络的知识流入对企业的好处将大大减少(Ahuja,2000)。此外,与联盟网络相连的每家企业都是知识的接收者和传播者,如果被企业的间接连接使用获利的信息来自企业自身,就会给企业带来知识泄漏的风险和损失。

综上所述,企业的间接连接具有双重作用,即不仅是在联盟网络中扩展企业信息范围的资源,也是在网络中使用同类知识的潜在竞争对手(Ahuja,2000b)。这一结论尤其适用于企业的两步间接连接。根据 Baum 等(2005)及 Sorenson 和 Stuart(2008)提出的本地连接(local ties)概念,企业与联盟伙伴的联盟伙伴之间的间接联系,即两步间接连接,被定义为"本地连接",而超越两步的间接连接被定义为"远程连接"(distant ties)。关于间接连接的信息价值,Hagedoorn 等(2011)指出,企业不太可能从远程连接那里获得有用的知识,因为知识需要通过网络从远距离传递到企业自身。因此,与路径长度超过两步的间接连接(远程连接)相比,路径距离为两步的间接连接(本地连接)更可能为企业提供重要的信息。以此类推,如果知识从企业泄露并传播到网络,那么其本地连接比其远程连接更容易获取这些知识。也就是说,如果企业与其间接连接是竞争对手,那么与路径长度超过两步的间接连接相比,企业更有可能将知识泄漏给两步间接连接并对其创新产出造成损害。

由于由竞争者构成的间接连接是一种特定类型的两步间接连接,因此可以合理地断定由竞争者构成的间接连接也具有双重作用的特征。然而,前期实证研究仅仅证明竞争者构成的间接连接给企业造成了知识泄露的危害或风险。[①] Hernandez 等(2015)研究了企业及其竞争对手都有高管或董事在另一家企业的董事会任职的情况。他们建议,为避免将知识泄露给竞争者构成的间接连接的风险,企业可以避免或者终止雇佣上述管理人员,从而切断与竞争对手的间接联系,或

---

① 虽然一些前期研究未曾专门讨论竞争者构成的间接连接或者两步间接连接,但他们研究了一般意义上的间接连接在企业创新或市场价值创造中的作用(Ahuja,2000b;Boyd and Spekman,2008;Salman and Saives,2005;Vanhaverbeke et al.,2012)。

者将自身嵌入一个紧密型网络之中以应对知识泄露的风险。Pahnke 等(2015)提出,当同一风险资本投资者同时投资一家创业公司及其竞争对手的时候,该创业公司因与其竞争对手间接关联从而发生知识泄露风险。他们的研究结果表明,与竞争对手的间接连接阻碍了创业公司的创新产出,这种负面影响同时受制于与投资者泄露知识的机会和动机相关的几个因素。Ryu 等(2018)认为,如果一家企业的合作伙伴与企业的竞争对手位于同一地点,也会存在向竞争对手泄露知识的途径和风险。他们建议,企业可以与联盟伙伴形成股权式联盟,或缩小联盟范围和提升任务相互依存性,作为防止知识泄露的防御机制。Edris 等(2024)也证实,与竞争对手的间接连接导致了企业的知识泄露,但企业在知识产权诉讼方面比较激进的战略可以防范知识泄露的风险。总之,上述研究表明,当企业与其竞争对手间接连接时,企业就会面临知识泄露或溢出到其竞争对手的风险。在上述文献的基础上,本研究将从间接连接双重作用的视角出发,探讨竞争者构成的间接连接对生物医药行业中大型医药公司创新产出的影响。

4.2.2 研究假说

知识生产文献明确指出,创新一般经由现存知识的新颖重组而得(Aggarwal,2020;Fleming,2001;Grigoriou and Rothaermel,2017)。为此,企业需要获取现有知识库之外的新知识以增加新颖组合的可能性(Aggarwal,2020;Rowley et al.,2000)。而企业研发联盟是获取其他企业的知识并促进创新的重要手段(Ahuja,2000b)。然而,企业研发联盟并不能保证联盟伙伴之间知识的成功转移。由于仅对熟悉领域的知识才具备强大的吸收能力,企业只能吸收和应用与自身知识库密切相关的外部知识(Cohen and Levinthal,1990;Vasudeva and Anand,2011)。因此,只有合作伙伴知识体系之间的适度差异性,而不是非常低或非常高的差异性水平,才可以既丰富企业已有的知识库又使知识在伙伴之间转移相对容易,从而最终对企业的创新产出最有利(Sampson,2007)。

除联盟伙伴之外,企业还可以通过企业研发联盟网络中的间接连接获得广泛且多样化的知识,以促进企业的创新。这些间接连接可以为企业提供许多范围相对广泛但是较不熟悉的知识体系(Vanhaverbeke et al.,2012)。但是,由于所获得的外部知识与企业的知识库非常不同,因此企业可能无法有效吸收和应用如此新颖或多样化的外部知识。然而,如果企业的间接连接是企业的竞争对手,情况就可能有所不同。[1] 正如前期研究所表明的那样,与非竞争对手相比,竞争对手往往积累了有用的行业特定知识,这些知识与满足类似客户的需求有关(Gnyawali and Park,2011;Yuan et al.,2020)。换言之,来自间接关联的竞争对手的知识不仅新颖而且与企业自身的知识库密切相关。因此,与企业自身的知识库相比,来自竞争对手知识的差异性处于适度水平,而不是非常低或非常高的差异性水平。鉴于双方知识的相似性有助于联盟合作伙伴之间的知识共享和转移,合作伙伴知识库之间的适度差异性对企业创新最有利(Sampson,2007)。同样,企业与其

---

[1] 总体而言,与直接连接所提供的知识相比,间接连接所提供的知识在性质上会更加广泛和多样化(Ahuja,2000b)。但是,本文更侧重于探讨竞争对手构成的间接连接与非竞争对手构成的间接连接之间的差异。

间接关联的竞争对手的知识库之间的适度差异性也使得企业能够更容易地吸收和应用竞争对手的行业特定知识,从而增强其创新能力和提升创新产出。

本研究聚焦于 20 世纪末至 21 世纪初的生物医药行业。在生物医药行业的这一特定历史时期,大型医药公司的联盟网络呈现出"大—小—大"的特征,即大型医药公司通过与小型生物技术公司结盟可以获取其竞争对手的宝贵知识。具体而言,与竞争对手相关的这些有价值的知识包括有关企业研发战略和未来技术可能方向的信息、竞争对手基准数据、当前的研发项目、可能被雇用的关键员工、成文的配方或设计以及隐性知识(Oxley and Sampson,2004;Ryu et al.,2018;Sampson,2007)。这些知识与大型医药公司的研发活动密切相关。在以技术快速变革为特征的生物医药行业中,大型医药公司不仅努力创造新技术,即从事价值链上游的研发活动,还需要将新技术转化为可盈利的新产品,即从事价值链下游的研发活动(Hoang and Rothaermel,2010;Rothaermel and Boeker,2008)。由于大型医药公司经常根据新的技术发展寻求类似的创新机会,因此大型医药公司通常会在与其竞争对手类似的技术领域内具备强大的吸收能力。当知识从间接关联的竞争对手泄露给一家大型医药公司时,这种具有适度差异性的知识会被该大型医药公司成功吸收和内化,以提高其上下游研发能力和创新产出。

然而,由于与联盟网络相连的每个公司都是网络中知识的接收者和传播者,因此与大型医药公司间接连接的竞争对手也会像该大型医药公司一样在联盟网络中接收并获益于类似的知识。在生物医药行业，鉴于大型医药公司经常随着新技术的出现而追求类似的创新机会，但是只有获得"一流"产品或"一流"技术的公司才能在这场创新竞赛中获得高额回报(Grabowski，2011)。例如，根据默克公司的年度报告，其"新冠"肺炎抗病毒药物(莫诺拉韦)于2021年获得了56.8亿美元的收入，而辉瑞公司的相应产品(奈玛特韦片/利托那韦片组合包装)作为更好的选择，同期带来了189.3亿美元的收入。在这种情况下，大型医药公司及其同行在使用类似知识方面存在激烈竞争。因此，与竞争对手间接连接将导致来自研发联盟网络内间接连接的知识流入收益大幅减少。此外，大型医药公司与联盟伙伴分享的知识也可能被泄露给间接关联的竞争对手。由于竞争对手同样具有在类似技术领域的强大吸收能力，因此这些竞争者可以迅速采取行动，吸收从该大型医药公司泄露的知识并获利(Dushnitsky and Shaver，2009；Ryu et al.，2018；Teece，2007)。此时，与竞争对手的间接连接意味着企业存在严重的知识泄露的风险，进而将破坏其在价值链上下游研发活动中的核心竞争力。

根据上述分析，竞争者构成的间接连接对大型医药公司创新产出同样具有双重影响。一方面，与研发联盟网络中的竞争对手有更多间接联系的大型医药公司有更多机会获得有用的、特定行业的知识[1]，这些知识与企业自身的知识库存在适度差异，从而有助于该大型医药公司迅速吸收利用并增加创新产出。另一方面，与研发联盟网络中的竞

---

[1] 例如，在高科技领域内，企业可以从竞争对手那里获知新的技术突破或对技术问题的新见解，以及多种技术路线成功或失败的尝试等(Ahuja，2000；Zaheer and Bell，2005；Salman and Saives，2005)。

争对手有更多间接联系的大型医药公司更容易受到使用类似知识的竞争对手的影响,这将大大降低该企业所获得的知识流入的收益,甚至在该企业所掌握的核心知识出现泄露的情况下削减其创新产出。因此,竞争者构成的间接连接如何影响大型医药公司的创新产出取决于大型医药公司从其间接联系的竞争对手那里获得的知识是否比从该企业泄露给竞争对手的知识更有价值。据此,提出如下假说:

假说 H1a: 当由竞争者构成的间接连接所带来的知识流入的收益超过知识泄露的成本时,与竞争对手的间接连接数量越多越有助于大型医药公司的创新产出。

假说 H1b: 当由竞争者构成的间接连接所带来的知识泄露的成本超过知识流入的收益时,与竞争对手的间接连接数量越多越有损于大型医药公司的创新产出。

4.3 研究方法

4.3.1 研究样本

本研究选择的研究对象是 20 世纪末至 21 世纪初生物医药行业中的大型医药公司。如上文所述,在这一历史时期,该行业发展成为一个双元市场结构,包括一小群大型医药公司和一大群初创的小型生物技术公司。其中,大型医药公司在生物技术出现之前就已经存在。这些老牌企业,如拜耳、罗氏和辉瑞都是行业巨头,它们自 20 世纪 40

年代以来一直主导国际医药行业。20世纪70年代中期,生物技术领域出现了基因工程(重组DNA,1973年)和杂交(单克隆抗体,1975年)等重大科技突破。在随后的几十年里,这些技术进步极大地改变了药物研发过程(Kapoor and Klueter,2015)并重塑了国际医药行业。与此同时,这一时期诞生了众多的小型生物技术公司。这些公司在生物技术研究领域拥有强大的药物研发能力,它们立足于将大学和研究机构创造的科学知识转化为商业上有用的技术和产品。但是,小型生物技术公司本身并不打算成为药物生产和销售商,而是作为新技术的提供者,而这些新技术构成了现代药物研发中的重要研究工具(Gilsing and Nooteboom,2006)。一般而言,在生物技术引领的生物医药行业中,大型医药公司在临床试验、药物审批和营销等行业价值链下游领域更有经验,而初创的小型生物技术公司在药物初期研发等行业价值链上游领域拥有强大的技术能力(Hoang and Rothaermel,2010;Rothaermel and Boeker,2008)。鉴于双方的资源极具互补性,生物医药行业中的企业研发联盟主要就是在大型医药公司与小型生物技术公司之间形成的,因为获取对方的核心能力是彼此成功的关键(Adegbesan and Higgins,2011;Colombo et al.,2006;Diestre and Rajagopalan,2012;Roijakkers and Hagedoorn,2006;Rothaermel,2001)。因此,在20世纪末至21世纪初的生物医药行业中,从大型医药公司的视角出发,企业研发联盟网络呈现出"大—小—大"的结构特征,即大型医药公司与其竞争对手间接相连。有鉴于此,依据上述联盟网络特征的分析,这一特定时期的生物医药行业构成了本研究合适的研究情境。

本研究的数据主要从以下来源收集：①美国专利商标局（USPTO）提供的自生物技术出现以来每年授予大型医药公司的生物技术专利数据。[①] ②Gale Group's New Product Announcements/Plus（NPA/PLUS）数据库提供的大型医药公司在生物技术领域内发布的新产品年度数据。NPA/PLUS 数据库涵盖了所有行业的关于新产品或服务的新闻发布公告。③MERIT-CATI（Maastricht Economic Research Institute on Innovation and Technology, Cooperative Agreements and Technology Indicators）数据库以及 SDC-Platinum 数据库提供的全球生物医药行业生物技术领域企业研发联盟的数据。MERIT-CATI 数据库提供了每个联盟的信息以及参与结盟公司的一些信息，SDC-Platinum 数据库也提供了类似信息（Schilling，2009）。[②] ④SDC-Platinum 数据库提供的大型医药公司收购小型生物技术公司的数据。该数据包含收购年份的信息、收购方与目标公司的信息

[①] 生物技术专利是指美国专利商标局确定的以下专利类别的专利：424 [Drug, bio-affecting and body treating compositions (424/9.1－424/9.2, 424/9.34－424/9.81, 424/85.1－424/94.67, 424/130.1－424/283.1, 424/520－424/583, 424/800－424/832)], 435 [Chemistry: Molecular biology and microbiology (435/1.1－435/7.95, 435/40.5－435/261, 435/317.1－435/975)], 436 [Chemistry: Analytical and immunological testing (436/500－436/829)], 514 [Drug, bio-affecting and body treating compositions (514/2－514/22, 514/44, 514/783)], 530 [Chemistry: Natural resins or derivatives; peptides or proteins; lignins or reaction products thereof (530/300－530/427, 530/800－530/868)], 536 [Organic compounds (536/1.11－536/23.74, 536/25.1－536/25.2)], 800 [Multi-cellular living organisms and unmodified parts thereof and related processes], 930 [Peptide or protein sequence], PLT [Plants]。

[②] MERIT-CATI 数据库仅收集至少两家企业参与成立的研发联盟。仅涉及大学或政府实验室的研发联盟，或仅涉及一家企业与大学的研发联盟不包含在内（Duysters and Hagedoorn，1993）。为确保数据收集的统一性，本研究对 SDC-Platinum 数据库的研发联盟数据也作类似处理。

以及收购交易的简要说明。①⑤Compustat 和 Datastream(Thomson Financial)数据库提供的大型医药公司的财务数据。所有财务数据首先根据 Compustat 提供的年终汇率转换为美元,然后使用美国 CPI 指数调整为 2000 年的美元。⑥企业研发联盟可能是母公司层面或子公司层面成立的。同样,生物技术专利和生物技术产品可能是母公司或子公司申请或发布的。因此,本研究首先使用 D&Bs *Who Owns Whom* 数据库确定了大型医药公司的所有子公司,然后将研发联盟数据(Rosenkopf and Padula,2008;Schilling and Phelps,2007;Vanhaverbeke et al.,2012)、生物技术专利和生物技术产品数据都汇总至母公司层面(Ahuja,2000a;Schilling and Phelps,2007)。

本研究首先根据生物技术领域内企业研发联盟数据构建联盟邻接矩阵,然后在此基础上运用 Ucinet 6 软件计算两步间接连接(Borgatti et al.,2002)。总体而言,本研究包括 1982—1999 年建立的 1 744 个企业研发联盟。若在一研发联盟中,联盟伙伴超过两家企业,则将其两两组合成多个联盟来建立邻接矩阵。② 由于数据库通常不提供企业联盟解散的日期,因此,依据研究惯例,本研究假定企业研发联盟的平均存续周期为五年(Kogut,1988,1989;Tatarynowicz et al.,2016;Vasudeva and Anand,2011)。更确切地说,本研究采用五年移动周期法(a five-year moving window approach),即通过汇总样本公

---

① 根据 Higgins 和 Rodriguez(2006)的研究,本书根据收购交易的业务描述来确定收购是否属于研发收购,即收购目的是获取生物技术公司的研发能力。
② 在 1 744 个企业研发联盟中,有 55 个研发联盟涉及两个以上的联盟伙伴。

司从样本年度前四年开始至样本年度共计五年建立的研发联盟来构建样本年度联盟邻接矩阵(Gulati,1995a;Vanhaverbeke et al.,2009,2012)。例如,1986年构建联盟邻接矩阵的起始年份是1982年,到1986年为止,共计五年。

为降低潜在的幸存者偏差,本研究根据各种行业信息来源确定了从20世纪70年代中期生物技术出现之前成立并一直存续到1986年/1994年的大型医药公司作为样本公司。[①] 具体而言,本研究收集到77家大型医药公司涵盖1986—2000年的生物技术专利数据,相应地构建了77家样本公司长达15年的面板数据作为第一个研究样本。同时,本研究收集到74家大型医药公司涵盖1994—2000年的生物技术产品数据,相应地构建了74家样本公司长达7年的面板数据作为第二个研究样本。由于样本周期内,大型医药公司之间存在横向并购,上述两个面板数据是不平衡的。[②] 在解释变量滞后一期之后,以生物技术专利为创新产出的第一个研究样本有975个观测值(firm-year observations),以生物技术产品为创新产出的第二个研究样本有485个观测值。

[①] 为提取研究样本,本书检索了各种行业来源,包括Compustat、Datastream、Amadeus、SIC报告、Ernst and Young年度生物技术行业报告、Scrip制药年鉴等。

[②] 当样本周期内发生横向并购时,被收购公司和收购公司都被继续保留在样本中,只是并购年份及以后的数据视为"缺失"。此外,样本中的大多数大型医药公司本身就是最终的母公司,对于被发现是子公司的大型医药公司则不包括在样本中。极个别样本公司在样本周期内被样本外企业收购,这类公司仍保留在样本中,收购年份及以后的数据则视为"缺失"。

4.3.2 研究变量

(1)因变量

本研究的因变量为创新产出。本研究采用两种方式计量企业的创新产出,即生物技术专利用于计量企业的技术创新产出,生物技术产品用于计量企业的产品创新产出。

第一,生物技术专利。公司的新技术通常通过专利来衡量(Ahuja,2000a;Baum et al.,2000;Hagedoorn and Duysters,2002b;Phelps,2010;Vanhaverbeke et al.,2009,2012)。专利与企业技术创新产出直接相关(Hagedoorn and Cloodt,2003;Walker,1995),代表了一种外部验证的技术新颖性衡量标准(Griliches,1990)。本研究特别关注授予大型医药公司的年度生物技术专利数量,以代表其在生物技术领域内的技术创新产出(Grigoriou and Rothaermel,2017;Hagedoorn and Wang,2012;Nicholls-Nixon and Woo,2003;Rothaermel and Hess,2007)。对生物技术专利的计量是基于成功的专利申请,即授予的专利。专利申请日期仅在专利成功授予时报告。平均而言,美国专利商标局在发明人(企业)最初申请专利后,可能需要三年时间才能授予专利。相比之下,完成发明的日期与专利申请日期之间基本上没有差异,平均不超过三个月(Darby and Zucker,2010;Grigoriou and Rothaermel,2017)。因此,专利申请日期与新技术产出的时间密切相关,应将其用作专利的归属时间(Hall et al.,2001;Trajtenberg,1990)。所以,本研究将一项已授予的生物技术专利分配给最初申请该专利的特定年份。例如,2000年申请但2003年授予的生物技术专利被认为是2000年的专利。

第二,生物技术产品。生物技术产品用于计量大型医药公司在生物技术领域内的产品创新产出,以该公司向市场推出的生物技术领域内新产品公告的年度计数来表示。从创新全流程的视角观察,企业创新首先是将最新的科学发现转化为新技术,然后还需要将这些技术进一步转化为可商业化的产品或服务。因此,与技术创新产出作为创新过程中阶段性成果的指标相比(Ahuja and Katila,2001;Faems et al.,2005;Lavie and Rosenkopf,2006;Li et al.,2008),企业在市场上成功推出新产品是衡量创新产生的商业价值的指标,因此也是企业最终创新产出的指标(Ahuja and Katila,2001;Nerkar,2003;Rosenkopf and Nerkar,2001;Rothaermel,2001)。

(2)解释变量

本研究的解释变量为竞争者构成的间接连接。本研究采用样本企业的两步间接连接来计量这一指标。在20世纪末至21世纪初的生物医药行业中,企业研发联盟的网络结构呈现出"大—小—大"的特征,因此一家大型医药公司的两步间接连接就是与之竞争的其他大型医药公司。

(3)控制变量

①研发支出。本研究采用样本公司的年度研发支出除以公司收入来计量这一指标(Wang and Hagedoorn,2014)。公司的内部和外部研发投资都是其创新产出的重要决定因素(Ahuja,2000b)。前期研究证实,研发支出是计量公司内部研发投资的合理指标(Ahuja,2000a;Griliches,1990,1998;Hitt et al.,1997)。此外,研发支出也

可作为吸收能力的重要表征(Cohen and Levinthal，1989，1990)，以促进公司获取、转化并利用来自联盟伙伴的外部知识或资源(Zaheer and Bell，2005)。

②研发联盟。本研究采用样本公司在生物技术领域内成立的研发联盟年度数据来计量这一指标。除内部研发投资外，大型医药公司还经常进行外部研发投资，即采用开放式创新策略，以应对生物技术革新对国际医药行业的颠覆性影响(Hill and Rothaermel，2003)。具体而言，借助企业研发联盟，大型医药公司能够获得合作伙伴的专业知识，并探索新的技术机会，这不仅促使其适应变革，而且能够在新技术条件下实现成功创新(Hess and Rothaermel，2011；Kapoor and Klueter，2015)。

③研发收购。本研究采用样本公司每年以获取研发能力为目的而收购的小型生物技术公司的数量来计量这一指标。除成立研发联盟之外，大型医药公司也可通过研发收购来获取外部知识或技术，以适应快速变化的技术环境和提高自身的创新产出(Hagedoorn and Duysters，2002；Higgins and Rodriguez，2006；Kapoor and Klueter，2015；Vanhaverbeke *et al.*，2002)。根据 Higgins 和 Rodriguez(2006)的研究，本研究根据 SDC Platinum 中收购交易的业务描述来确定收购是否属于研发收购，即收购目的是获取生物技术公司的研发能力。

④地理位置。为了控制不同区域在企业创新方面的制度性差异(Hess and Rothaermel，2011)，本研究根据样本公司总部所在位置设置了两个虚拟变量。如果大型医药公司总部设在美国，则其虚拟变量设为 1(美国公司＝1)；如果大型医药公司的总部设在欧洲，则其虚拟

变量设为 1(欧洲公司=1);其余地区为参照类别。

⑤医药专营。国际医药公司包括医药专营巨头和更多元化的化学与医药集团两类。为了控制多元化程度不同的两类企业在创新中的区别,本研究设置了医药专营这一虚拟变量。如果大型医药公司是一家医药专营巨头,则虚拟变量设置为 1,否则为零。医药专营巨头是指专门从事 SIC 2834(药物制剂制造)的公司,而化学与医药集团是指同时从事 SIC 2834 和 SIC 2890(化学产品制造)的公司。

⑥企业规模。本研究采用样本公司的员工总数来计量企业规模,以控制其对企业创新产出的影响(Ceccagnoli et al.,2014)。企业规模对创新产出有直接影响(Acs and Audretsch,1988;Freeman and Soete,1997)。此外,企业规模还会影响企业的研发投资(Cohen and Klepper,1996;Cohen and Levinthal,1989;Schumpeter,1942;Teece,1982,1992),从而对创新产出产生间接影响。

⑦企业绩效。本研究采用样本公司的股本回报率(Demirkan and Demirkan,2012)来计量公司绩效,以控制其对企业创新产生的影响。

⑧年份固定效应。企业创新产出可能会随着时间增加或减少,这一趋势可能会同时影响所有样本公司。为此,本研究控制了年份固定效应。

上述控制变量同时被纳入以生物技术专利和生物技术产品为创新产出的回归方程。下文所述的控制变量,即样本期前专利指标和技术资本,需要根据情况放入不同的方程。前者纳入以生物技术专利为创新产出的回归方程,后者纳入以生物技术产品为创新产出的回归方程。

⑨样本期前专利指标。Blundell 等(1995)认为,企业创新的"永久"能力反映在研究样本期之前的创新产出的历史中。因此,本研究纳入"历史专利均值"变量(即 1974 年①至 1985 年期间样本公司的生物技术专利的年均数量)和"历史专利"虚拟变量②(如果样本公司在 1986 年之前获得过生物技术专利,则该变量设置 1,否则为 0),以控制不同样本公司创新能力的"永久"差异(Blundell et al.,1995,2002)。

⑩技术资本。本研究采用从样本年度前四年开始至样本年度共计五年内样本公司获取的生物技术专利之和来计量这一变量(Rothaermel and Deeds,2004;Vanhaverbeke et al.,2009)。专利通常被视为新产品开发过程中重要的技术投入指标(Coombs et al.,2009;Griliches,1990;Rothaermel and Deeds,2004),因此本研究将技术资本纳入以生物技术产品为创新产出的回归方程中。此外,由于技术资本也可以作为创新产出的指标,因此这一变量还可以控制样本公司技术创新能力的特定差异(Baum et al.,2000;Rothaermel and Deeds,2004)。

4.3.3 研究模型

本研究中的因变量即生物技术专利或者生物技术产品,是一个仅取非负整数值的计数变量。为了模拟计数数据,线性指数模型或对数模型是很好的选择(Cameron and Trivedi,1986)。由于公司专利或产

---

① 生物医药技术在 20 世纪 70 年代中期取得革命性突破。
② 样本期前的专利哑变量可以控制有样本期前创新产出的公司与完全没有样本期前创新产出的公司在"永久"创新能力方面的实质性差异(Blundell et al.,1995)。

品数据通常存在过度离散的特征,因此负二项式回归比泊松回归更适合本研究的数据特征(Aggarwal,2020;Demirkan and Demirkan,2012;Hausman et al.,1984)。

理论上,针对计数面板数据,固定效应模型或随机效应模型都可以用于控制特定公司差异(Greene,2018;Gujarati,2003)。但是,随机效应模型假定公司特定差异与解释变量不相关。然而,本研究中样本公司的特定差异可能与联盟网络变量(竞争者构成的间接连接)相关,从而导致内生性偏差(Ahuja,2000b;Hamilton and Nickerson,2003;Schilling and Phelps,2007)。为缓解内生性偏差,本研究采用固定效应模型(Hamilton and Nickerson,2003;Winkelmann,2008)。此外,本研究在以生物技术专利为创新产出的回归方程中纳入"历史专利均值"和"历史专利"这两个样本期前专利指标,以控制不同样本公司创新能力的"永久"差异。与此同时,本研究在以生物技术产品为创新产出的回归方程中纳入技术资本这一变量,以控制不同样本公司技术创新能力的差异。最后,为减轻潜在的联立性偏差,本研究中所有解释变量与控制变量相对于因变量皆滞后一年。

4.4 实证结果

表4—1a和表4—1b分别是对两个样本中的变量进行描述性统计分析和相关性分析的结果。如表4—1所示,总体而言,解释变量之间的相关性较低,低于$r<0.70$的临界点(Cohen et al.,2003)。此外,

表 4—1a　　变量描述性与相关性统计

	变量	均值	方差	1	2	3	4	5	6	7	8	9	10	11
1	生物技术专利	6.51	10.59											
2	竞争者构成的间接连接	8.72	12.48	0.34										
3	欧洲公司	0.28	0.45	−0.03	0.03									
4	美国公司	0.37	0.48	0.21	0.14	−0.47								
5	医药专营	0.44	0.50	0.12	0.05	−0.23	−0.06							
6	企业规模*	30.64	36.44	0.22	0.29	0.38	0.16	−0.39						
7	企业绩效	0.13	0.29	0.09	0.10	0.02	0.13	0.03	0.07					
8	研发支出	0.07	0.05	0.20	0.23	−0.04	−0.08	0.50	−0.18	0.08				
9	研发联盟	0.92	1.66	0.38	0.38	0.00	0.21	0.09	0.24	0.10	0.22			
10	研发收购	0.38	1.08	0.30	0.30	0.01	0.19	0.13	0.17	0.10	0.14	0.34		
11	历史专利均值	3.27	5.35	0.67	0.40	−0.18	0.28	0.27	0.08	0.12	0.21	0.36	0.42	
12	历史专利	0.83	0.38	0.14	0.07	−0.13	0.11	0.06	−0.09	−0.05	−0.05	0.01	0.05	0.28

注：N=975。* 企业规模以千人为单位。

表 4—1b   变量描述性与相关性统计

	变量	均值	方差	1	2	3	4	5	6	7	8	9	10
1	生物技术产品	25.16	40.50										
2	竞争者构成的间接连接	11.01	20.00	0.66									
3	欧洲公司	0.30	0.46	0.02	0.05								
4	美国公司	0.33	0.47	0.33	0.19	−0.46							
5	医药专营	0.47	0.50	0.09	0.11	−0.27	0.02						
6	企业规模*	29.66	33.85	0.42	0.34	0.32	0.23	−0.39					
7	企业绩效	0.13	0.28	0.27	0.16	0.08	0.18	−0.03	0.20				
8	研发支出	0.08	0.05	0.37	0.29	−0.10	−0.03	0.55	−0.15	0.07			
9	研发联盟	1.36	2.33	0.58	0.31	0.02	0.27	0.04	0.34	0.20	0.24		
10	研发收购	0.63	1.72	0.44	0.24	−0.05	0.29	0.12	0.22	0.13	0.16	0.39	
11	技术资本	45.93	67.09	0.54	0.48	0.06	0.24	0.18	0.31	0.18	0.29	0.42	0.36

注：$N=485$。* 企业规模以千人为单位。

表 4—2　　　　　　　　负二项式(固定效应)回归结果

变量	生物技术专利		生物技术产品	
	模型 1a	模型 1b	模型 2a	模型 2b
欧洲公司	−1.553 8***	−1.566 0***	0.873 1†	0.968 0*
	(0.360 1)	(0.357 3)	(0.458 8)	(0.465 8)
美国公司	−1.204 4**	−1.227 7**	0.194 2	0.335 2
	(0.358 8)	(0.356 7)	(0.369 4)	(0.373 6)
医药专营	0.087 1	0.101 2	0.341 9	0.402 7
	(0.261 5)	(0.262 8)	(0.299 9)	(0.306 9)
企业规模*	0.005 6**	0.005 4**	−0.000 5	−0.002 2
	(0.002 0)	(0.002 1)	(0.002 9)	(0.003 0)
企业绩效	−0.135 1	−0.124 3	0.204 8	0.195 6
	(0.122 1)	(0.123 6)	(0.148 4)	(0.143 4)
研发支出	3.409 5**	3.251 7**	4.156 4*	4.341 3*
	(1.051 1)	(1.049 6)	(1.890 1)	(1.827 4)
研发联盟	0.028 4*	0.027 0*	0.016 9*	0.036 1**
	(0.013 5)	(0.013 6)	(0.006 7)	(0.012 9)
研发收购	−0.015 7	−0.016 3	0.018 6	0.017 4
	(0.018 7)	(0.018 9)	(0.013 4)	(0.013 2)
历史专利均值	0.082 1***	0.074 0**		
	(0.021 9)	(0.022 0)		
历史专利	1.005 2***	1.097 2***		
	(0.255 0)	(0.256 2)		
技术资本			0.001 4**	0.001 3**
			(0.000 5)	(0.000 5)
竞争者构成的间接连接		0.007 1**		−0.004 4†
		(0.002 2)		(0.002 6)
常数项	0.247 4	0.183 8	0.257 0	0.184 6
	(0.347 4)	(0.343 3)	(0.370 0)	(0.366 4)
年度虚拟变量	Y	Y	Y	Y
N	975	975	485	485
Log Likelihood	−1 887.191 4	−1 882.512 6	−1 099.251 3	−1 097.743 6
Chi Square	255.47***	265.02***	210.24***	225.45***

注：括号中为标准误差；† $p<0.10$，* $p<0.05$，** $p<0.01$，*** $p<0.001$。

为了评估多重共线性的严重程度,本研究计算了方差膨胀因子(VIF)。在生物技术专利为创新产出的样本中,VIF 的平均值为 1.70,最大值为 1.90;而在生物技术产品为创新产出的样本中,VIF 平均值为 1.70,最大值为 1.94。所有 VIF 值都远低于 10 的临界点(Cohen et al.,2003;Hair et al.,2010),表明多重共线性不会对模型估计造成影响。此外,生物技术专利和生物技术产品的方差大于平均值,表明其存在过度离散的特征,因此负二项式估计优于泊松估计。最后,约 1/3 样本公司总部位于美国,约 1/3 样本公司总部位于欧洲,其余样本公司总部位于其他区域,这一结果说明样本公司的地域分布具有全球性。

表 4-2 是生物技术专利(模型 1a 至模型 2a)和生物技术产品(模型 1b 至模型 2b)作为因变量进行回归分析的结果。模型 1a 和模型 1b 提供了仅包括控制变量的回归分析结果。模型 2a 和模型 2b 分别是添加了竞争者构成的间接连接变量之后的回归分析结果。假说 H1a 提出,当由竞争者构成的间接连接所带来的知识流入的收益超过知识泄露的成本时,样本公司保持的竞争者构成的间接连接数量越多,该公司的创新产出就越大。模型 2a 的结果显示,竞争者构成的间接连接对生物技术专利有显著正向影响($\beta=0.0071, p<0.01$),从而证实了假说 H1a。假说 H1b 提出,当由竞争者构成的间接连接所带来的知识泄露的成本超过知识流入的收益时,样本公司保持的竞争者构成的间接连接数量越多,该公司的创新产出就越小。如模型 2b 的结果所示,竞争者构成的间接连接对生物技术产品有显著负向影响($\beta=-0.0044, p<0.10$),从而证实了假说 H1b。

关于控制变量,表4-2显示了如下基本一致的结果:研发支出对生物技术专利和生物技术产品有显著正向影响,表明内部研发投资对企业创新产出有显著贡献。研发联盟对生物技术专利和生物技术产品有显著正向影响,表明外部研发投资对企业创新产出有显著贡献。企业规模对生物技术专利有显著正向影响。欧洲公司与美国公司对生物技术专利有显著负向影响,但欧洲公司对生物技术产品有显著正向影响,表明地域差异对创新产出的复杂影响。样本期前专利指标(即历史专利均值和虚拟变量)的估计系数为正显著,因此控制样本公司的"永久"创新能力差异有助于缓解内生性偏差。最后,技术资本对生物技术产品有显著正向影响,表明企业专利是新产品开发过程中的重要技术投入。

4.5　研究结论

本研究旨在从间接连接双重作用的视角出发,深入探讨由竞争者构成的间接连接对企业创新产出的影响。本研究的实证结果发现,在生物医药行业中,竞争者构成的间接连接对大型医药公司的生物技术专利(技术创新产出)有显著正向影响,但对生物技术产品(产品创新产出)有显著负向影响。下文将从两种类型创新产出存在本质差异的视角来深入分析这一似乎矛盾的结果。企业创新可以区分为探索式创新和开发式创新。探索式创新是指"对新知识的追求",即"知识生成";而开发式创新是指"对已知事物的使用和开发",即"知识应用"

(Lavie et al.,2010；Levinthal and March ,1993；Spender,1992)。在本研究中,技术创新的本质就是知识生成或探索式创新,而产品创新的本质就是知识应用或开发式创新。

探索式创新或知识生成通常涉及对现有知识、问题或解决方案的全新理解(Fleming,2001),或现有知识元素的新颖组合(Henderson and Clark,1990)。换言之,这一创新模式需要企业能够接触到自身知识库以外的新知识(Rowley et al.,2000)。而置身于联盟网络给予企业这样的机会(Ahuja,2000b；Nooteboom,2004；Rothaermel and Deeds,2004),企业通过吸收和利用来自与竞争对手构成的间接连接的新知识,从而增强探索式创新或知识生成的潜力(Gilsing and Duysters,2008)。此外,来自与竞争者构成的间接连接的知识不仅新颖,且多种多样。多样化的知识有助于企业选择解决问题的不同思路和方法,或者将一个领域的解决方案运用于另一领域(Hargadon and Sutton,1997；Phelps,2010)。因此,除新颖性之外,知识的多样性同样有助于拓展知识元素不同组合的可能性(Fleming,2001；Gilsing and Duysters,2008),从而促进企业的探索性创新(Koka and Prescott,2008；Rowley et al.,2000；Vanhaverbeke et al.,2009)。综上所述,尽管企业难免面临将知识泄露给与其间接连接的竞争者的风险,但是属于探索性创新的技术创新迫切需要新颖且多样的知识,唯有如此才可实现成功的创新。

与之相比,开发式创新或知识应用需要收集技术诀窍方面的精准知识(technical know-how),以充分了解如何将现有技术转化为商业上可行的产品(Gilsing and Nooteboom,2006；Rowley et al.,2000)。

这一类型的知识通常属于隐性知识(tacit knowledge),并且深植于企业内部。一家企业若需获取另一家企业的此类知识,则两者之间一般需要直接合作以深入交流。然而来自间接连接的知识更可能是显性知识(explicit knowledge),对企业开发式创新或知识应用的助益相对较少。此外,来自间接连接的知识往往是杂乱的,甚至是扭曲的,因为它必须经由一个联盟伙伴来传递,这个合作伙伴可能会以与企业不同的方式解释和赋予原始知识不同的含义(Vanhaverbeke et al., 2012)。因此,间接连接对企业开发式创新或知识应用的信息价值相对较低,因为开发式创新对信息噪声的容忍度较低,通常需要更准确、更详细的信息(Gilsing and Nooteboom, 2006; Rowley et al., 2000),以便充分了解如何将现有技术转化为可销售的产品。最后,联盟网络中的每家企业既是知识的接受者和也是知识的传播者。一方面,企业与其间接连接的竞争对手接受并使用同类知识并获利,而一家企业对知识的获利性使用排除了另一家企业最有效的使用,因此,间接连接带来的知识收益便会减少。另一方面,尽管竞争者构成的间接连接可以给企业带来有用的、特定行业的知识,但同时也会造成企业自身知识泄露的风险(Gulati and Garguilo, 1999; Vanhaverbeke et al., 2012)。这会对企业的开发式创新或知识应用造成危害,因为企业关于新产品开发相关的专有知识的泄露可能会使企业在商业上处于非常不利的地位。这一点对大型医药企业危害尤其大。对大型医药企业而言,属于开发式创新的新药开发是其核心研发能力。而国际医药行业中只有最有效的新药才能够带来丰厚的回报,达不到这一标准的药物要么利润相对微薄,要么收不回研发成本(Grabowski, 2011)。因此,关于新药开发这方面的知识泄露风险将伤及国际医药企业的核心竞争力,甚至危及其在市场上的盈利能力。然而,鉴于间接连接通常不在企业的直接控制范围内,这种知识泄露很难预防和监测,更不用说采取适时的反制措施(Vanhaverbeke et al.,2012)。综上所述,竞争者构成的间接连接不仅无助于企业的开发式创新或知识应用,而且由于其造成的知识泄露风险反而会损害企业的产品创新。

总体而言,本研究的贡献在于揭示了竞争者构成的间接连接对企业创新的双重作用,即既是企业的信息源,又是企业的竞争者。因此,竞争者构成的间接连接对企业创新产出的最终结果取决于特定的情境。本研究的结果指出,对企业的技术创新即探索式创新而言,由竞争者构成的间接连接所带来的知识流入的收益超过知识泄露的成本,因而竞争者构成的间接连接有利于企业的技术创新产出;对企业的产品创新即开发式创新而言,由竞争者构成的间接连接所带来的知识泄露的成本超过知识流入的收益,因而竞争者构成的间接连接有害于企业的产品创新产出。

本研究存在以下局限性,这也为未来的研究提供了可能的探索方向:首先,本研究立足于20世纪末至21世纪初的生物医药行业,因而本研究的结论不具有普适性,未来可以考虑在其他高科技行业或者不同历史时期进一步检测本研究的结论。其次,本研究将企业创新产出区分为技术创新产出和产品创新产出,前者被视为探索式创新,后者被视为开发式创新。然而,并非每项技术(专利)都必定是探索性的,也并非每项新产品都是开发性的。例如,前期研究将新技术分为核心和非核心技术(Vanhaverbeke et al.,2009,2012),将新产品分为增量创新和激进创新(Quintana-García and Benavides-Velasco,2011;Sternitzke,2010)。未来的研究可以进一步细分不同类型的创新,以获取更丰富的研究成果。再次,在生物医药行业,小型生物技术公司除与大型医药公司建立研发联盟之外,也可能与大学等研究机构建立研发联盟(Baum *et al.*,2000;Gilsing and Nooteboom,2006)。换言之,除竞争者构成的间接连接之外,企业的间接连接也可能是大学和研究机构。未来的研究可以同时考虑这两种类型的间接连接对企业创新的影响。最后,本书研究的是企业联盟网络,未来的研究也可以整合不同类型的网络,如人际网络。这种多类型网络综合分析日益普及,代表着未来研究中一个极具价值的方向(Phelps *et al.*,2012)。

第 5 章

中介对竞争者构成的间接连接与企业创新关系的影响*

5.1 引言

竞争者构成的间接连接既可以给企业带来有价值的、特定行业的知识,但同时也会造成企业自身知识泄露的风险,因此对企业创新产出的影响是复杂的。然而,无论是企业从其间接连接那里获得知识,还是企业自身的知识泄露给间接连接,都取决于它们之间的共同伙伴或中介将来自一个研发联盟的联盟伙伴的知识主动分享给另一个研

---

* 本章内容源自王宁的研究论文"Disentangling the Role of Intermediaries in the Relationship between Indirect Ties to Competitors and Firm Innovation in the Global Pharmaceutical Industry: Control Benefits and Equity-based Alliances as Moderators"。此篇论文是王宁主持的国家自然科学基金项目"研发战略联盟网络中竞争者构成的间接连接对企业创新的作用机理与负面效应及其对企业结盟战略的影响研究"(项目批准号:71802129)的阶段性成果。

发联盟中的不同联盟伙伴(Boyd and Spekman,2008)。在联盟网络里担任中介角色的企业可能会追求与其联盟伙伴不同的目标,从而使得其自身的利益与联盟伙伴的利益产生不一致(Pahnke et al., 2015)。在此情形下,本研究认为中介企业的行为在塑造竞争者构成的间接连接与企业创新产出的关系方面起着不可忽视的作用。

关于竞争者构成的间接连接的前期实证研究探讨了中介企业的特定影响。Pahnke等(2015)认为,风险投资公司作为创业公司之间的中介,会将从一家创业公司获得的知识泄露给其竞争对手。他们发现,与竞争对手的间接连接降低了创业公司的创新产出。Hernandez等(2015)研究了企业及其竞争对手都有高管或董事在另一家公司即中介的董事会任职由此导致企业知识泄露的情形,他们建议企业可以避免或者终止雇佣上述管理人员,从而切断与竞争对手的间接联系,或者将自身嵌入一个紧密型网络之中以应对知识泄露的风险。Ryu等(2018)认为,当企业的合作伙伴与竞争对手位于同一地点时,其合作伙伴会充当中介,向竞争对手泄露知识。他们建议,企业可以与联盟伙伴形成股权式联盟,或缩小联盟范围和提升任务相互依存性,作为防止知识泄露的防御机制。Edris等(2024)认为,与竞争对手的间接连接导致了企业的知识泄露,但如果企业在知识产权诉讼方面采取比较激进的战略,则可以影响充当中介的联盟伙伴的自利行为并限制其向企业的竞争对手泄露知识。总体而言,上述研究表明,联盟网络中的中介企业可以通过控制合作伙伴之间的知识流动来追求自己的利益,从而影响竞争者构成的间接连接与企业创新产出的关系。

本研究的对象是生物医药行业中的大型医药公司。从20世纪末至21世纪初,生物医药行业发展成为一个具有双元市场结构的高科技行业,即由一小群大型医药公司和一大群初创的小型生物技术公司共同主宰的行业(Hagedoorn et al.,2008;Roijakkers et al.,2005)。其中,大型医药公司在生物制药行业下游价值链即临床试验、监管批准和市场营销方面积累了丰富的经验与专长,而小型生物技术公司在生物制药行业上游价值链即药物初始研发方面拥有强大的技术能力(Hoang and Rothaermel,2010;Rothaermel and Boeker,2008)。因此,在生物医药行业的这一特定历史时期,大型医药公司更有可能与小型生物技术公司而不是其他大型医药公司建立药物研发联盟,从而获得最新的技术以弥补其内部研发能力的不足。同样,较之与同行合作,小型生物技术公司更可能与大型医药公司建立药物研发联盟,以补充其将技术能力转化为最终药品所需的后期临床试验和监管经验等。鉴于双方这一极强的互补性,这一时期生物医药行业中的绝大多数企业研发联盟是在老牌大型医药公司与初创的小型生物技术公司之间成立的(Adegbesan and Higgins,2011;Colombo et al.,2006;Diestre and Rajagopalan,2012;Roijakkers and Hagedoorn,2006;Rothaermel,2001)。因此,从大型医药公司的角度来看,在这种双元市场环境中,大型医药公司的研发联盟网络的特征表现为"大—小—大"的结构,即小型生物技术公司是其联盟伙伴,而其他大型医药公司是其联盟伙伴的合作伙伴。换言之,在这样一个"大—小—大"的联盟网络中,一家大型医药公司的(两步)间接连接(indirect ties at path distances of two)通常是其他大型医药公司,即其竞争对手,而小型生物技术公司则担任两者之间的中介。有鉴于此,依据上述联盟网络特征的分析，本研究以 20 世纪末至 21 世纪初的生物医药行业为分析背景，探究中介在竞争者构成的间接连接与企业创新产出关系中所发挥的作用。

本研究着重于知识传递成本和联盟治理相对强度这两个因素如何影响竞争者构成的间接连接与企业创新产出的关系。研究结果表明，在研发联盟网络中，竞争者构成的间接连接与企业创新产出的关系受到知识传递成本的负向调节。这一结果意味着，如果企业通过中介接触到更多的竞争者构成的间接连接，那么中介就必然面临更高的潜在知识传递成本，因此中介为维护自身利益则会选择在平均意义上减少从竞争者那里吸收并传递给企业的知识数量和种类。因此，中介所负担的潜在知识传递成本越高，平均而言，其与企业分享的从间接合作伙伴那里获得的知识就越少，从而削弱竞争者构成的间接连接给企业带来的收益。此外，研究结果表明，竞争者构成的间接连接与企业创新产出的关系受到联盟治理相对强度的正向调节。联盟治理相对强度作为一种特殊的联盟治理机制，是由股权式与契约式联盟治理机制对比而实现的。例如，如果企业与中介形成股权式联盟，而竞争者构成的间接连接与中介形成契约式联盟，那么企业与中介之间的联盟比间接连接与中介之间的联盟具有更高的治理强度并使得企业与中介的利益更为一致，从而实质性缓解了企业因与竞争对手间接关联而引起的知识泄露风险。总体而言，本研究有助于深入理解中介的自利行为如何影响竞争者构成的间接连接与企业创新产出的关系。

5.2 理论背景与研究假说

5.2.1 知识传递成本

为使企业从其竞争者构成的间接连接那里获取知识,它们之间的中介必须将知识从该间接连接传递至企业。然而,在联盟伙伴之间传递知识的代价是很高昂的(Vivona et al.,2023),因为中介必须投入金钱、时间和精力来从一个合作伙伴那里获取知识,然后将其传递给另一个合作伙伴。具体而言,中介先会产生获取知识的成本,例如搜索和吸收成本(Belderbos et al.,2016;Leten et al.,2022),然后还会产生与知识传播相关的成本,例如编码和传输成本(Liyanage et al.,2009;Minbaeva et al.,2018)。这些成本反映了管理联盟网络中跨企业知识传递的复杂性,中介必须仔细控制此类成本,以确保自身利益。

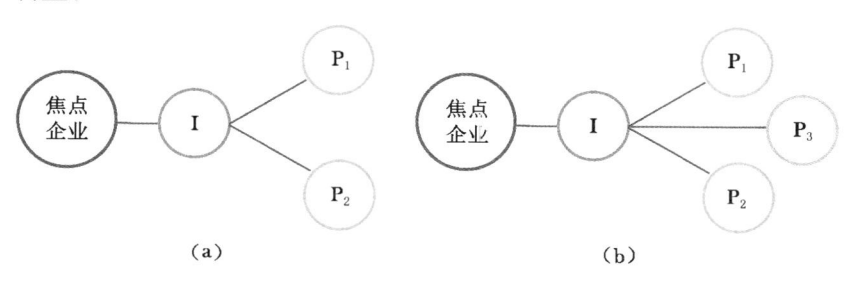

图 5—1 中介与其合作伙伴

为便于较为直观地说明,本研究具体考虑图5—1所示的两种情形。除焦点企业(Focal Firm)之外,中介(即I)在图5—1(a)中还有另外两个联盟伙伴(即焦点企业的竞争者构成的间接连接P_1和P_2),而在图5—1(b)中,中介有另外三个联盟伙伴(即焦点企业的竞争者构成的间接连接P_1至P_3)。每一次额外的联盟合作难免会增加中介的资源负担,从而导致知识传递的成本增加。具体而言,如果增加一个联盟伙伴,中介将面临更高的知识吸收成本,因为伙伴关系的增加会带来更多数量的新知识和知识种类的多样性。同时,由于需要传播更多的知识,中介也会承担更高的传输成本。因此,将图5—1(b)与图5—1(a)相比,假定中介投入资源的总量不变,为实现与更多的合作伙伴打交道,中介必须减少对每一个合作伙伴资源的平均投入,以降低联盟合作伙伴之间知识传递的平均成本,特别是在资源有限的情况下。[①] 例如,中介可以减少吸收知识的数量或者类别,降低与合作伙伴的接触频率,或者较少满足合作伙伴提出的信息需求。因此,随着合作伙伴的增加,中介会倾向于从每一个伙伴那里吸收较少的知识或者减少吸收知识的类别以降低吸收成本,同时减少向每一个伙伴传播知识的频率或数量以降低传输成本。

从上述讨论中可以看出,合作伙伴的增加会导致中介所需承担的潜在知识传递的总成本变大。为维护自身利益,中介则会倾向于减少平均资源投入,由此导致焦点企业从每一个间接连接获取的平均知识流入的收益减少,从而负向调节了竞争者构成的间接连接与企业创新

[①] 在本书的研究背景中,合作伙伴之间的中介通常为初创的小型生物技术公司。一般情况下,此类公司的资源相对较为匮乏。

产出的关系。据此,提出如下假说:

假说1:中介的知识传递成本对竞争者构成的间接连接与企业创新产出的关系具有负向调节作用。

5.2.2 联盟治理相对强度

中介可以利用其特权地位来控制企业与其间接合作伙伴之间的知识流动。如果不同的合作伙伴与中介之间互惠互利的程度有所差别,则中介往往会青睐于与其利益更加一致的合作伙伴。例如,中介可能更倾向于或者更频繁地与其青睐的合作伙伴互动,并与他们分享来自其他合作伙伴的更有价值的知识(Belderbos et al.,2016)。此外,在本书的研究背景下,如果大型医药公司的同行是中介青睐的合作伙伴,中介就可能将从企业获得的知识传递给其竞争对手,致使企业产生知识泄露风险(Ryu et al.,2018)。因此,对企业来说,通过使用适当的联盟治理机制来约束中介的自利行为,以实现与中介的利益更趋于一致尤为重要。

就组织和法律视角而言,联盟治理结构有两种基本形式——股权式联盟和契约式联盟(Contractor and Reuer,2014;Kranenburg et al.,2014)。在生物医药等高科技行业中,研发活动的结果具有高度不确定性(Hagedoorn and Wang,2012),很难事先确定研发联盟未来可能取得的所有成果,这就使得为之制定完整且可执行的契约变得极不现实(Xu et al.,2014)。由于合同不完全的问题,契约式联盟使公司面临合作伙伴机会主义的风险,因为其联盟伙伴有动机挪用公司的知识资产(Hagedoorn et al.,2005;Oxley and Sampson,2004;Walter *et al.*, 2015)。相比之下，股权式联盟可以更好地保护企业投资，减轻合作伙伴机会主义的风险(Li *et al.*, 2012; Nielsen, 2010)，因为股权式联盟所需的股权投资承诺会产生"互为人质"的效果(Chen and Hennart, 2004)，以此可以增强联盟合作伙伴之间的激励一致性。此外，股权式联盟通常需要在被投资方或合资企业的董事会中拥有代表权，这有助于直接监督和控制合作伙伴的行为(Ryu *et al.*, 2018; Xu *et al.*, 2014)。

基于上述讨论，本研究提出，在企业与中介形成股权式联盟，而竞争者构成的间接连接与中介形成契约式联盟的情况下，企业往往比间接关联的竞争对手更可能与中介保持激励相容，并可对其进行更直接的监督和控制。换言之，在联盟网络中，企业与中介维持的研发联盟具有较强的联盟治理强度，因此企业与中介之间的利益比其间接合作伙伴与中介之间的利益更为一致。相比之下，在竞争者构成的间接连接与中介形成股权式联盟，而企业与中介形成契约式联盟的情况下，企业与中介维持的研发联盟具有较弱的联盟治理强度，因此间接合作伙伴与中介之间的利益比企业与中介之间的利益更为一致。一般来说，如果企业与中介的联系具有更强的联盟治理强度，那么企业与中介拥有更多的共同利益，更有可能成为中介青睐的合作伙伴，从而正向调节竞争者构成的间接连接与企业创新产出的关系。据此，提出如下假说：

假说 2：企业与中介之间的联盟治理相对强度对竞争者构成的间接连接与企业创新产出的关系具有正向调节作用。

5.3 研究方法

5.3.1 研究样本

本研究选择的研究对象是 20 世纪末至 21 世纪初生物医药行业中的大型医药公司。如上文所述，在这一历史时期，该行业发展成为一个双元市场结构，包括一小群大型医药公司和一大群初创的小型生物技术公司。鉴于双方的资源极具互补性，生物医药行业中的企业研发联盟主要就是在大型医药公司与小型生物技术公司之间形成的，因为获取对方的核心能力是彼此成功的关键。因此，在 20 世纪末至 21 世纪初的生物医药行业中，从大型医药公司的视角出发，企业研发联盟网络呈现出"大—小—大"的结构特征，即大型医药公司与其竞争对手间接相连，而小型生物技术公司则担任两者之间的中介。有鉴于此，依据上述联盟网络特征的分析，这一特定时期的生物医药行业构成了本研究合适的研究情境。

本研究的数据主要从以下来源收集：①美国专利商标局（USPTO）提供的自生物技术出现以来每年授予大型医药公司的生物技术专利数据。②Gale Group's New Product Announcements/Plus（NPA/PLUS）数据库提供的大型医药公司在生物技术领域内发布的新产品年度数据。NPA/PLUS 数据库涵盖了所有行业的关于新产品或服务的新闻发布公告。③MERIT-CATI（Maastricht Economic Research

Institute on Innovation and Technology, Cooperative Agreements and Technology Indicators)数据库以及 SDC-Platinum 数据库提供的全球生物医药行业生物技术领域企业研发联盟的数据。MERIT-CATI 数据库提供了每个联盟的信息以及参与结盟公司的一些信息，SDC-Platinum 数据库也提供了类似信息（Schilling，2009）。④SDC-Platinum 数据库提供的大型医药公司收购小型生物技术公司的数据。该数据包含收购年份的信息、收购方与目标公司的信息以及收购交易的简要说明。⑤Compustat 和 Datastream（Thomson Financial）数据库提供的大型医药公司的财务数据。所有财务数据首先根据 Compustat 提供的年终汇率转换为美元，然后使用美国 CPI 指数调整为 2000 年的美元。⑥企业研发联盟可能是母公司层面也可能是子公司层面成立的。同样，生物技术专利和生物技术产品可能是母公司申请或发布的也可能是子公司申请或发布的。因此，本研究首先使用 D&Bs *Who Owns Whom* 数据库确定了大型医药公司的所有子公司，然后将研发联盟数据（Rosenkopf and Padula，2008；Schilling and Phelps，2007；Vanhaverbeke et al.，2012）、生物技术专利和生物技术产品数据都汇总至母公司层面（Ahuja，2000a；Schilling and Phelps，2007）。

本研究首先根据生物技术领域内企业研发联盟数据构建联盟邻接矩阵，然后在此基础上运用 Ucinet 6 软件计算两步间接连接（Borgatti et al.，2002）。总体而言，本研究包括 1982 年至 1999 年建立的 1 744 个企业研发联盟。若在一研发联盟中，联盟伙伴超过两家企业，则将其两两组合成多个联盟来建立邻接矩阵。由于数据库通常不提供企业联盟解散的日期，依据研究惯例，本研究假定企业研发联盟的平均存续周期为五年(Kogut,1988,1989;Tatarynowicz et al.,2016;Vasudeva and Anand,2011)。更确切地说,本研究采用五年移动周期法(a five-year moving window approach),即通过汇总样本公司从样本年度前四年开始至样本年度共计五年建立的研发联盟来构建样本年度联盟邻接矩阵(Gulati,1995a;Vanhaverbeke et al.,2009,2012)。例如,1986年构建联盟邻接矩阵的起始年份是1982年,至1986年为止,共计五年。

为降低潜在的幸存者偏差,本研究根据各种行业信息来源确定了从20世纪70年代中期生物技术出现之前成立并一直存续到1986年/1994年的大型医药公司作为样本公司。具体而言,本研究收集到77家大型医药公司涵盖1986年至2000年的生物技术专利数据,相应地构建了77家样本公司长达15年的面板数据作为第一个研究样本。同时,本研究收集到74家大型医药公司涵盖1994年至2000年的生物技术产品数据,相应地构建了74家样本公司长达7年的面板数据作为第二个研究样本。由于样本周期内,大型医药公司之间存在横向并购,上述两个面板数据是不平衡的。在解释变量滞后一期之后,以生物技术专利为创新产出的第一个研究样本有975个观测值(firm-year observations),以生物技术产品为创新产出的第二个研究样本有485个观测值。

5.3.2 研究变量

(1)因变量

本研究的因变量为创新产出。本研究采用两种方式计量企业的创新产出,即生物技术专利用于计量企业的技术创新产出,生物技术产品用于计量企业的产品创新产出。

第一,生物技术专利。公司的新技术通常通过专利来衡量(Ahuja,2000a;Baum et al.,2000;Hagedoorn and Duysters,2002b;Phelps,2010;Vanhaverbeke et al.,2009,2012)。专利与企业技术创新产出直接相关(Hagedoorn and Cloodt,2003;Walker,1995),代表了一种外部验证的技术新颖性衡量标准(Griliches,1990)。本研究特别关注授予大型医药公司的年度生物技术专利数量,以代表其在生物技术领域内的技术创新产出(Grigoriou and Rothaermel,2017;Hagedoorn and Wang,2012;Nicholls-Nixon and Woo,2003;Rothaermel and Hess,2007)。对生物技术专利的计量是基于成功的专利申请,即授予的专利。专利申请日期仅在专利成功授予时报告。平均而言,美国专利商标局在发明人(企业)最初申请专利后,可能需要三年时间才能授予专利。相比之下,完成发明的日期与专利申请日期之间基本上没有差异,平均不超过三个月(Darby and Zucker,2010;Grigoriou and Rothaermel,2017)。因此,专利申请日期与新技术产出的时间密切相关,应将其用作专利的归属时间(Hall et al.,2001;Trajtenberg,1990)。因此,本研究将一项已授予的生物技术专利分配给最初申请该专利的特定年份。例如,2000年申请但2003年授予的生物技术专利被认为是2000年的专利。

第二,生物技术产品。生物技术产品用于计量大型医药公司在生物技术领域内的产品创新产出,以该公司向市场推出的生物技术领域内新产品公告的年度计数来表示。从创新全流程的视角观察,企业创新首先是将最新的科学发现转化为新技术,然后还需要将这些技术进一步转化为可商业化的产品或服务。因此,与技术创新产出作为创新过程中阶段性成果的指标相比(Ahuja and Katila,2001;Faems et al.,2005),企业在市场上成功推出新产品是衡量创新产生的商业价值的指标,因此也是企业最终创新产出的指标(Ahuja and Katila,2001;Nerkar,2003;Rosenkopf and Nerkar,2001)。

(2)解释变量

①知识传递成本。当企业通过某一中介接触到更多间接合作伙伴,该中介将面临企业与其间接连接之间更高的知识传递成本,因此本研究采用竞争者构成的间接连接与中介比率(即竞争者构成的间接连接的数量除以企业与其间接连接的竞争者之间的中介的数量)来计量这一指标。如果企业没有任何间接连接,则该指标的值设置为零。

②联盟治理相对强度。本研究采用联盟治理相对强度(RGS)这一指标来考察企业与中介之间的联盟是否比间接连接的竞争者与中介机构之间的联盟具有更高的联盟治理强度。具体而言,对于一家企业 F,其与间接合作伙伴 C_j 之间的中介为 B_i,可以使用以下公式来衡量 F 与 B_i 之间联盟相对于 C_j 与 B_i 之间联盟的治理强度[①]:

$$RGS_{ij} = \begin{cases} 1, \text{如果 F 与 } B_i \text{ 之间建立股权式联盟,同时} C_j \text{ 与 } B_i \text{ 之间建立契约式联盟} \\ 0, \text{如果 F 与 } B_i \text{ 之间的联盟以及} C_j \text{ 与 } B_i \text{ 之间的联盟同为股权式联盟或者契约式联盟} \\ -1, \text{如果 F 与 } B_i \text{ 之间建立契约式联盟,同时} C_j \text{ 与 } B_i \text{ 之间建立股权式联盟} \end{cases}$$

---

① 在公式中,如果 F 与 B_i 之间建立一个及以上的联盟,并且其中至少有一个是股权式联盟,那么 F 与 B_i 之间的联盟就被视为股权式联盟,否则就是契约式联盟。类似的逻辑也适用于 C_j 与 B_i 之间的联盟。

第 5 章　中介对竞争者构成的间接连接与企业创新关系的影响

如果 F 与 C_j 之间有多个中介,使用以下公式计算 RGS_{ij} 的平均值,$RGS_j = \sum_{i=1}^{n} RGS_{ij}/n$,其中 n 为 F 与 C_j 之间的中介总数。此外,对于 F 的所有间接合作伙伴,使用以下公式计算 RGS_j 的平均值,$RGS = \sum_{j=1}^{m} RGS_j/m$,其中 m 为 F 的间接合作伙伴总数。根据上述公式,如果 RGS 的值为正(或负),则平均而言,F 与 B 之间联盟比 C 与 B 之间联盟的治理强度更强(或更弱);如果 RGS 的值为零,那么平均而言,F 与 B 之间联盟与 C 与 B 之间联盟具有相同的治理强度。一般来说,RGS 的值越高,与 C 与 B 之间联盟相比,F 与 B 之间联盟的治理强度就越强,相应地,F 与 B 之间的互利程度比 C 与 B 之间的互利程度更高,因此在联盟网络中 F 比 C 更受 B 的青睐。

(3)控制变量

①竞争者构成的间接连接。本研究采用样本企业的两步间接连接来计量这一指标。在 20 世纪末至 21 世纪初的生物医药行业中,企业研发联盟的网络结构呈现出"大—小—大"的特征,因此一家大型医药公司的两步间接连接就是与之竞争的其他大型医药公司。

②研发支出。本研究采用样本公司的年度研发支出除以公司收入来计量这一指标(Wang and Hagedoorn,2014)。公司的内部和外部研发投资都是其创新产出的重要决定因素(Ahuja,2000b)。前期研究证实,研发支出是计量公司内部研发投资的合理指标(Ahuja,2000a;Griliches,1990,1998;Hitt et al.,1997)。此外,研发支出也可作为吸收能力的重要表征(Cohen and Levinthal,1989,1990),以促进公司获取、转化并利用来自联盟伙伴的外部知识或资源(Zaheer and

Bell,2005)。

③研发联盟。本研究采用样本公司在生物技术领域内成立的研发联盟年度数据来计量这一指标。除内部研发投资之外,大型医药公司还经常进行外部研发投资,即采用开放式创新策略,以应对生物技术革新对国际医药行业的颠覆性影响(Hill and Rothaermel,2003)。具体而言,借助企业研发联盟,大型医药公司能够获得合作伙伴的专业知识,并探索新的技术机会,这不仅促使其适应变革,而且能够在新技术条件下实现成功创新(Hess and Rothaermel,2011;Kapoor and Klueter,2015)。

④研发收购。本研究采用样本公司每年以获取研发能力为目的而收购的小型生物技术公司的数量来计量这一指标。除成立研发联盟之外,大型医药公司还可以通过研发收购来获取外部知识或技术,以适应快速变化的技术环境和提高自身的创新产出(Hagedoorn and Duysters,2002;Higgins and Rodriguez,2006;Kapoor and Klueter,2015;Vanhaverbeke et al.,2002)。根据 Higgins 和 Rodriguez(2006)的研究,本研究根据 SDC Platinum 中收购交易的业务描述来确定收购是否属于研发收购,即收购交易旨在获取生物技术公司的研发能力。

⑤地理位置。为了控制不同区域在企业创新方面的制度性差异(Hess and Rothaermel,2011),本研究根据样本公司总部所在位置设置了两个虚拟变量。如果大型医药公司总部设在美国,则其虚拟变量设为 1(美国公司=1);如果大型医药公司的总部设在欧洲,则其虚拟变量设为 1(欧洲公司=1);其余地区为参照类别。

⑥医药专营。国际医药公司包括医药专营巨头和更多元化的化学与医药集团两类。为控制多元化程度不同的两类企业在创新中的区别,本研究设置了医药专营这一虚拟变量。如果大型医药公司是一家医药专营巨头,则虚拟变量设置为1,否则为零。医药专营巨头是指专门从事 SIC 2834(药物制剂制造)的公司,而化学与医药集团是指同时从事 SIC 2834 和 SIC 2890(化学产品制造)的公司。

⑦企业规模。本研究采用样本公司的员工总数来计量企业规模,以控制其对企业创新产出的影响(Ceccagnoli *et al.*,2014)。企业规模对创新产出有直接影响(Acs and Audretsch,1988;Freeman and Soete,1997)。此外,企业规模还会影响企业的研发投资(Cohen and Klepper,1996;Cohen and Levinthal,1989;Schumpeter,1942;Teece,1982,1992),从而对创新产出产生间接影响。

⑧企业绩效。本研究采用样本公司的股本回报率(Demirkan and Demirkan,2012)来计量公司绩效,以控制其对企业创新产出的影响。

⑨年份固定效应。企业创新产出可能会随着时间增加或减少,这一趋势可能会同时影响所有样本公司。为此,本研究控制了年份固定效应。

上述控制变量同时被纳入以生物技术专利和生物技术产品作为创新产出的回归方程。下文所述的控制变量,即样本期前专利指标和技术资本,需要根据情况放入不同的方程。前者纳入以生物技术专利为创新产出的回归方程,后者纳入以生物技术产品为创新产出的回归方程。

⑩样本期前专利指标。Blundell 等(1995)认为,企业创新的"永

久"能力反映在研究样本期之前的创新产出的历史中。因此,本研究纳入"历史专利均值"变量(即 1974 年至 1985 年期间样本公司的生物技术专利的年均数量)和"历史专利"虚拟变量(如果样本公司在 1986 年之前获得过生物技术专利,则该变量设置 1,否则为 0),以控制不同样本公司创新能力的"永久"差异(Blundell et al.,1995,2002)。

⑪技术资本。本研究采用从样本年度前四年开始至样本年度共计五年内样本公司获取的生物技术专利之和来计量这一变量(Rothaermel and Deeds,2004;Vanhaverbeke et al.,2009)。专利通常被视为新产品开发过程中重要的技术投入指标(Coombs et al.,2009;Griliches,1990;Rothaermel and Deeds,2004),因此本研究将技术资本纳入以生物技术产品为创新产出的回归方程中。此外,由于技术资本也可以作为创新产出的指标,因此这一变量还可以控制样本公司技术创新能力的特定差异(Baum et al.,2000;Rothaermel and Deeds,2004)。

5.3.3 研究模型

本研究中的因变量即生物技术专利或者生物技术产品,是一个仅取非负整数值的计数变量。为模拟计数数据,线性指数模型或对数模型是很好的选择(Cameron and Trivedi,1986)。由于公司专利或产品数据通常存在过度离散的特征,因此负二项式回归比泊松回归更适合本研究的数据特征(Aggarwal,2020;Demirkan and Demirkan,2012;Hausman et al.,1984)。

理论上,针对计数面板数据,固定效应模型或随机效应模型都可以用于控制特定公司差异(Greene,2018;Gujarati,2003)。但是,随机效应模型假定公司特定差异与解释变量不相关。然而,本研究中样本公司的特定差异可能与联盟网络变量(即竞争者构成的间接连接)相关,从而导致内生性偏差(Ahuja,2000b;Hamilton and Nickerson,2003;Schilling and Phelps,2007)。为缓解内生性偏差,本研究采用固定效应模型(Hamilton and Nickerson,2003;Winkelmann,2008)。此外,本研究在以生物技术专利为创新产出的回归方程中纳入"历史专利均值"和"历史专利"这两个样本期前专利指标,以控制不同样本公司创新能力的"永久"差异。与此同时,本研究在以生物技术产品为创新产出的回归方程中纳入技术资本这一变量,以控制不同样本公司技术创新能力的差异。最后,为降低潜在的联立性偏差,本研究中所有解释变量与控制变量相对于因变量皆滞后一年。

5.4 实证结果

表 5—1a 和表 5—1b 分别是对两个样本中的变量进行描述性统计分析和相关性分析的结果。如表 5—1 所示,总体而言,解释变量之间的相关性较低,低于 $r<0.70$ 的临界点(Cohen et al.,2003)。此外,为评估多重共线性的严重程度,本研究计算了方差膨胀因子(VIF)。在生物技术专利为创新产出的样本中,VIF 的平均值为 1.70,最大值为 2.31;而在生物技术产品为创新产出的样本中,VIF 平均值为 1.58,最大值为 2.08。所有 VIF 值都远低于 10 的临界点(Cohen et al.,

表 5—1a 变量描述性与相关性统计

	变量	均值	方差	1	2	3	4	5	6	7	8	9	10	11	12	13
1	生物技术专利	6.51	10.59													
2	竞争者构成的间接连接	8.72	12.48	0.34												
3	知识传递成本	2.74	3.08	0.17	0.62											
4	联盟治理相对强度	0.01	0.29	−0.11	−0.10	−0.09										
5	欧洲公司	0.28	0.45	−0.03	0.03	−0.01	0.01									
6	美国公司	0.37	0.48	0.21	0.14	0.06	0.03	−0.47								
7	医药专营	0.44	0.50	0.12	0.05	0.08	−0.05	−0.23	−0.06							
8	企业规模*	30.64	36.44	0.22	0.29	0.14	−0.03	0.38	0.16	−0.39						
9	企业绩效	0.13	0.29	0.09	0.10	0.02	−0.00	0.02	0.13	0.03	0.07					
10	研发支出	0.07	0.05	0.20	0.23	0.13	−0.02	−0.04	−0.08	0.50	−0.18	0.08				
11	研发联盟	0.92	1.66	0.38	0.38	0.19	−0.02	0.00	0.21	0.09	0.24	0.10	0.22			
12	研发收购	0.38	1.08	0.30	0.30	0.17	0.02	0.01	0.19	0.13	0.17	0.10	0.14	0.34		
13	历史专利均值	3.27	5.35	0.67	0.40	0.23	−0.10	−0.18	0.28	0.27	0.08	0.12	0.21	0.36	0.42	
14	历史专利	0.83	0.38	0.14	0.07	0.14	−0.04	−0.13	0.11	0.06	−0.09	−0.05	−0.05	0.01	0.05	0.28

注：$N=975$，*企业规模以千人为单位。

表 5—1b 变量描述性与相关性统计

	变量	均值	方差	1	2	3	4	5	6	7	8	9	10	11	12
1	生物技术产品	25.16	40.50												
2	竞争者构成的间接连接	11.01	20.00	0.66											
3	知识传递成本	2.56	3.47	0.17	0.53										
4	联盟治理相对强度	0.01	0.26	−0.01	−0.09	−0.11									
5	欧洲公司	0.30	0.46	0.02	0.05	−0.06	0.08								
6	美国公司	0.33	0.47	0.33	0.19	0.09	−0.01	−0.46							
7	医药专营	0.47	0.50	0.09	0.11	0.14	−0.03	−0.27	0.02						
8	企业规模*	29.66	33.85	0.42	0.34	0.13	0.02	0.32	0.23	−0.39					
9	企业绩效	0.13	0.28	0.27	0.16	0.02	0.00	0.08	0.18	−0.03	0.20				
10	研发支出	0.08	0.05	0.37	0.29	0.16	0.05	−0.10	−0.03	0.55	−0.15	0.07			
11	研发联盟	1.36	2.33	0.58	0.31	0.14	−0.08	0.02	0.27	0.04	0.34	0.20	0.24		
12	研发收购	0.63	1.72	0.44	0.24	0.17	0.01	−0.05	0.29	0.12	0.22	0.13	0.16	0.39	
13	技术资本	45.93	67.09	0.54	0.48	0.21	−0.09	0.06	0.24	0.18	0.31	0.18	0.29	0.42	0.36

注：$N=485$，* 企业规模以千人为单位。

表 5－2a　　　负二项式(固定效应)回归结果(生物技术专利)

变量	模型 1	模型 2	模型 3	模型 4
欧洲公司	−1.566 0***	−1.636 9***	−1.642 7***	−1.707 3***
	(0.357 3)	(0.380 0)	(0.385 7)	(0.405 3)
美国公司	−1.227 7**	−1.377 2***	−1.367 2***	−1.486 9***
	(0.356 7)	(0.377 2)	(0.386 1)	(0.403 2)
医药专营	0.101 2	0.134 0	0.159 1	0.186 5
	(0.262 8)	(0.272 3)	(0.273 9)	(0.281 9)
企业规模*	0.005 4**	0.005 0*	0.005 4*	0.005 0*
	(0.002 1)	(0.002 1)	(0.002 1)	(0.002 1)
企业绩效	−0.124 3	−0.129 9	−0.121 2	−0.128 1
	(0.123 6)	(0.124 0)	(0.123 3)	(0.123 6)
研发支出	3.251 7**	3.261 6**	3.343 9**	3.284 5**
	(1.049 6)	(1.045 9)	(1.056 2)	(1.052 2)
研发联盟	0.027 0*	0.024 7†	0.026 6†	0.024 3†
	(0.013 6)	(0.013 7)	(0.013 8)	(0.013 8)
研发收购	−0.016 3	−0.018 2	−0.021 2	−0.021 4
	(0.018 9)	(0.019 4)	(0.020 4)	(0.020 5)
历史专利均值	0.074 0**	0.064 7**	0.066 4**	0.059 6**
	(0.022 0)	(0.022 2)	(0.022 1)	(0.022 4)
历史专利	1.097 2***	1.133 3***	1.193 8***	1.209 0***
	(0.256 2)	(0.261 6)	(0.265 0)	(0.269 3)
竞争者构成的间接连接	0.007 1**	0.016 3***	0.008 4***	0.016 3***
	(0.002 2)	(0.004 0)	(0.002 2)	(0.004 0)
知识传递成本		0.021 3†		0.017 8
		(0.012 5)		(0.012 6)
竞争者构成的间接连接 *		−0.001 4**		−0.001 3*
知识传递成本		(0.000 5)		(0.000 5)
联盟治理相对强度			−0.339 5*	−0.297 2*
			(0.132 2)	(0.133 7)
竞争者构成的间接连接 *			0.024 4*	0.022 6*
联盟治理相对强度			(0.010 6)	(0.011 0)
常数项	0.183 8	0.226 2	0.222 4	0.269 3
	(0.343 3)	(0.354 2)	(0.358 9)	(0.370 0)
年度虚拟变量	Y	Y	Y	Y
N	975	975	975	975
Log Likelihood	−1 882.512 6	−1 878.078 9	−1 879.060 6	−1 873.315 6
Chi Square	265.02***	281.10***	281.88***	291.97***

注:括号中为标准误差;†$p<0.10$,* $p<0.05$,** $p<0.01$,*** $p<0.001$。

表 5－2b　　　　　负二项式(固定效应)回归结果(生物技术产品)

变量	模型 1	模型 2	模型 3	模型 4
欧洲公司	0.968 0*	0.967 2*	0.909 8*	0.899 2*
	(0.465 8)	(0.464 7)	(0.458 4)	(0.456 2)
美国公司	0.335 2	0.308 8	0.379 3	0.357 0
	(0.373 6)	(0.379 6)	(0.384 9)	(0.390 7)
医药专营	0.402 7	0.426 5	0.441 5	0.442 8
	(0.306 9)	(0.306 8)	(0.315 8)	(0.316 0)
企业规模*	−0.002 2	−0.001 6	−0.003 0	−0.002 5
	(0.003 0)	(0.003 1)	(0.002 9)	(0.003 0)
企业绩效	0.195 6	0.213 6	0.180 5	0.199 8
	(0.143 4)	(0.143 5)	(0.137 8)	(0.138 4)
研发支出	4.341 3*	4.136 6*	3.894 5*	3.743 0*
	(1.827 4)	(1.827 5)	(1.900 3)	(1.895 2)
研发联盟	0.036 1**	0.037 6*	0.041 7**	0.042 6**
	(0.012 9)	(0.015 8)	(0.013 0)	(0.016 1)
研发收购	0.017 4	0.020 3	0.013 3	0.015 7
	(0.013 2)	(0.013 2)	(0.012 4)	(0.012 5)
技术资本	0.001 3**	0.001 3*	0.002 4***	0.002 3***
	(0.000 5)	(0.000 5)	(0.000 6)	(0.000 7)
竞争者构成的间接连接	−0.004 4†	−0.007 3†	−0.007 4*	−0.010 0†
	(0.002 6)	(0.004 4)	(0.002 9)	(0.005 5)
知识传递成本		−0.021 0		−0.020 5
		(0.014 1)		(0.014 1)
竞争者构成的间接连接 * 知识传递成本		−0.001 5*		−0.001 2*
		(0.000 6)		(0.000 5)
联盟治理相对强度			−0.268 6*	−0.291 6*
			(0.134 3)	(0.134 9)
竞争者构成的间接连接 * 联盟治理相对强度			0.017 2†	0.015 7†
			(0.008 9)	(0.009 0)
常数项	0.184 6	0.229 5	0.236 9	0.289 2
	(0.366 4)	(0.367 9)	(0.367 9)	(0.370 7)
年度虚拟变量	Y	Y	Y	Y
N	485	485	485	485
Log Likelihood	−1 097.743 6	−1 092.591 6	−1 090.660 6	−1 085.597 8
Chi Square	225.45***	240.01***	249.88***	260.91***

注:括号中为标准误差;† $p<0.10$,* $p<0.05$,** $p<0.01$,*** $p<0.001$。

2003；Hair et al.，2010），表明多重共线性不会对模型估计造成影响。此外，生物技术专利和生物技术产品的方差大于平均值，表明其存在过度离散的特征，因此负二项式回归优于泊松回归。最后，约 1/3 样本公司总部位于美国，约 1/3 样本公司总部位于欧洲，其余样本公司总部位于其他区域，这一结果说明样本公司的地域分布具有全球性。

表 5-2a 和表 5-2b 分别是生物技术专利和生物技术产品作为因变量进行回归分析的结果。模型 1 提供了仅包括控制变量的回归分析结果，模型 2 和模型 3 提供了分别添加知识传递成本和联盟治理相对强度之后的回归分析结果，模型 4 提供了包含所有解释变量的回归分析结果。假说 1 提出，中介的知识传递成本对竞争者构成的间接连接与企业创新产出关系具有负向调节作用。模型 4 的结果显示，竞争者构成的间接连接和知识传递成本的交乘项系数均为负显著（表 5-2a 中，$\beta=-0.0013$，$p<0.05$；表 5-2b 中，$\beta=-0.0012$，$p<0.05$），从而证实了假说 1。假说 2 提出，企业与中介之间的联盟治理相对强度对竞争者构成的间接连接与企业创新产出关系具有正向调节作用。模型 4 的结果显示，竞争者构成的间接连接和联盟治理相对强度的交乘项系数均为正显著（表 5-2a 中，$\beta=0.0226$，$p<0.05$；表 5-2b 中，$\beta=0.0157$，$p<0.10$），从而证实了假说 2。

关于控制变量，表 5-2a 和表 5-2b 分别显示了如下基本一致的结果：在表 5-2a 中，欧洲公司与美国公司对生物技术专利有显著负向影响，表明地域差异对技术创新产出的影响；研发支出和研发联盟对生物技术专利有显著正向影响，表明内部和外部研发投资对企业技术创新产出都有显著贡献；企业规模对生物技术专利有显著正向影响;竞争者构成的间接连接对生物技术专利有显著正向影响,表明与竞争者的间接连接对企业技术创新产出利大于弊;样本期前专利指标(即历史专利均值和虚拟变量)的估计系数为正显著,因此控制样本公司"永久"创新能力差异有助于缓解内生性偏差。在表5-2b中,欧洲公司对生物技术产品有显著正向影响,显示欧洲企业更注重产品创新;研发支出和研发联盟对生物技术产品有显著正向影响,表明内部和外部研发投资对企业产品创新产出都有显著贡献;竞争者构成的间接连接对生物技术产品有显著负向影响,表明与竞争者的间接连接对企业产品创新产出弊大于利;技术资本对生物技术产品有显著正向影响,表明企业专利是新产品开发过程中的重要技术投入。

5.5 研究结论

本研究以20世纪末至21世纪初的生物医药行业为分析背景,从中介的视角出发,探究了知识转移成本和联盟治理相对强度如何影响竞争者构成的间接连接与大型医药公司创新产出之间的关系。研究结果表明,竞争者构成的间接连接与大型医药公司创新产出之间的关系受到中介负担的知识传递成本的负向调节;同时这一关系还受到大型医药公司与中介之间的联盟治理相对强度的正向调节。

总体而言,本研究有助于更好地理解中介的自利行为如何影响竞争者构成的间接连接与企业创新产出的关系。Pahnke等(2015)指出,中介的地位和声誉等特征可以影响竞争者构成的间接连接与企业创新产出之间的关系。本研究补充了上述结论，中介负担的知识转移成本也会影响其行为进而影响竞争者构成的间接连接与企业创新产出的关系。此外，前期研究强调间接连接在企业控制之外，因此企业无法采取措施应对其知识泄露的风险。本研究提出联盟治理相对强度这一特殊的治理机制，从而拓展了针对间接连接的联盟治理机制研究。在涉及三方——企业、竞争者构成的间接连接和居于其间的中介——的企业研发联盟网络中，联盟治理相对强度这一机制有助于企业通过限制中介的自利行为来减少与竞争者间接连接给企业带来的知识泄露风险。综上所述，本研究的成果有助于深入理解企业如何规范中介的行为以提升创新产出，并为管理知识密集型企业的研发联盟提供有益启示。

本研究存在的局限性也为未来的研究提供了可能的探索方向：首先，知识转移成本和联盟治理相对强度等变量可能与样本公司无法完全控制的特定差异之间存在相关性，从而导致内生性问题，因此本研究仅能证明相关关系，但无法确定因果关系。其次，本研究的样本来源于发展初期的生物医药行业，因而结论不具有普适性，未来或可考虑在其他高科技行业或者不同历史时期进一步验证本研究的结论。最后，本研究仅考虑了基于股权式联盟和契约式联盟建立的特定联盟治理机制。除此以外，联盟治理机制也包括其他类型，例如基于信任的非正式治理机制。因此，未来的研究可尝试探讨不同类型的治理机制或者混合型治理机制对竞争者构成的间接连接与企业创新产出关系的影响。

第 6 章

竞争者构成的间接连接对企业选择重复型结盟战略的影响 *

6.1 引言

作为开放式创新的方式之一,研发战略联盟是企业获取外部知识的重要手段,有助于企业提升自身的创新能力与创新产出(Hagedoorn,2002;Park *et al.*,2002;Rothaermel,2001)。但是,当企业在选择联盟对象时,其潜在的联盟对象可能已经与其他企业尤其是与企业的竞争对手结盟。如果企业最终选择这些联盟对象,就会导致极为复

---

* 本章内容源自王宁的研究论文"The Impact of Indirect Ties to Competitors on the Formation of Repeated Interfirm R&D Alliances between Large Pharmaceutical Firms and Small Biotechnology Companies"。此篇论文是王宁主持的国家自然科学基金项目"研发战略联盟网络中竞争者构成的间接连接对企业创新的作用机理与负面效应及其对企业结盟战略的影响研究"(项目批准号:71802129)的阶段性成果。

杂的情形,即企业与其竞争对手间接关联(Hernandez et al.,2015; Pahnke et al.,2015;Ryu et al.,2018)。以往的研究已证实,竞争者构成的间接连接既给企业带来有价值的、特定行业的知识,但同时也会造成企业自身知识泄露的风险(Ahuja,2000b)。为应对如此复杂的局面,企业在建立这一特定联盟的时候,必须采用合适的联盟治理机制以降低风险(Hernandez et al.,2015;Ryu et al.,2018)。以往研究提出,企业在选择联盟对象之时,可以选择与一个新伙伴成立联盟,也可选择与一个曾经结盟过的老伙伴成立重复型联盟(Beckman et al.,2004;Goerzen,2007;Holloway and Parmigiani,2016)。重复型联盟可视为一种非正式的联盟治理机制;较之非重复型联盟,重复型联盟可以有效地约束联盟对象的机会主义行为并促进信任与合作(Gulati,1995b;Goerzen,2007;Holloway and Parmigiani,2016;Oh and Lee,2017;Podolny,1994;Xia,2011)。基于上述分析,本研究提出,在企业所选的联盟伙伴致使企业与其竞争者间接关联的情形下,企业同样可以成立重复型联盟以增进与中介的信任与合作,从而确保双方利益更为一致并争取中介将信息导入企业而非传递至竞争对手。有鉴于此,本研究将从非正式联盟治理机制的视角出发,深入探讨竞争者构成的间接连接如何影响企业的结盟战略。

本研究着重于20世纪末至21世纪初的生物医药行业。在这一特定时期,生物医药行业发展成为一个具有双元市场结构的高科技行业,即由一小群大型医药公司和一大群初创的小型生物技术公司共同主宰的行业(Hagedoorn et al.,2008;Roijakkers et al.,2005)。其中,大型医药公司在生物制药行业下游价值链即临床试验、监管批准和市场营销方面积累了丰富的经验与专长,而小型生物技术公司在生物制药行业上游价值链即药物初始研发方面拥有强大的技术能力(Hoang and Rothaermel,2010;Rothaermel and Boeker,2008)。因此,在生物医药行业的这一特定历史时期,大型医药公司更有可能与小型生物技术公司而不是其他大型医药公司建立药物研发联盟,从而获得最新的技术以弥补其内部研发能力的不足。同样,较之与同行合作,小型生物技术公司更可能与大型医药公司建立药物研发联盟,以补充其将技术能力转化为最终药品所需的后期临床试验和监管经验等。鉴于双方这一极强的互补性,这一时期生物医药行业中的绝大多数企业研发联盟是在老牌大型医药公司与初创的小型生物技术公司之间成立的(Adegbesan and Higgins,2011;Colombo et al.,2006;Diestre and Rajagopalan,2012;Roijakkers and Hagedoorn,2006;Rothaermel,2001)。因此,如图6—1所示,在这种双元市场环境中,从大型医药公司的角度来看,联盟网络表现为"大—小—大"的结构特征,即小型生物技术公司是其联盟伙伴,而其他大型医药公司是其联盟伙伴的合作伙伴。与之类似,从小型生物技术公司的角度来看,联盟网络表现为"小—大—小"的结构特征,即大型医药公司是其联盟伙伴,而其他小型生物技术公司是其联盟伙伴的合作伙伴。换言之,在上述联盟网络中,无论是大型医药公司还是小型生物技术公司,其(两步)间接连接(indirect ties at path distances of two)通常都是它们的竞争对手。有鉴于此,根据上述联盟网络特征的分析,本研究以20世纪末至21世纪初的生物医药行业为分析背景,探究竞争者构成的间接连接对企业结盟战略的影响。

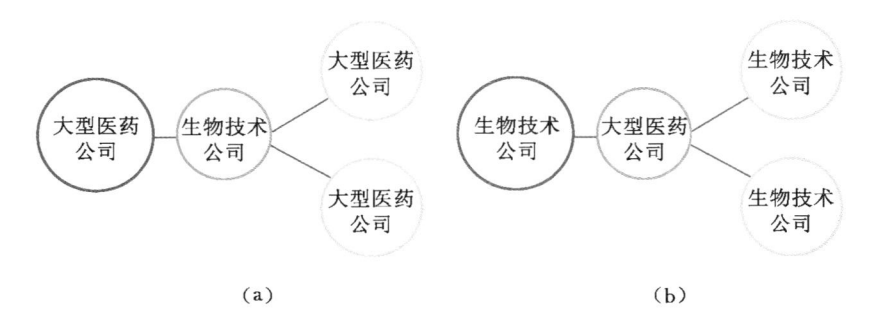

图 6—1　生物医药行业的研发联盟网络

本研究发现,竞争者构成的间接连接会促使企业选择成立重复型联盟,因为重复型联盟作为一种非正式联盟治理机制可以有效约束中介的机会主义行为。换言之,对大型医药公司而言,企业在选择联盟对象之时,如果潜在的联盟对象已经与企业的竞争对手结盟,且与其结盟的竞争对手越多,企业则越倾向于选择一个曾经成立过联盟的老伙伴而非一个新伙伴作为联盟对象,以确保与中介的利益更为一致,并尽量降低竞争者构成的间接连接所产生的危害。此项研究结论丰富了企业结盟战略理论,并为优化企业研发联盟网络结构提供了可行性思路。

6.2　理论背景与研究假说

如果在研发联盟网络中企业通过中介与自身的竞争者间接关联,那么一方面这会有助于企业从竞争者那里获取有用的、特定行业的知识,另一面这也会使得企业面临自身知识泄露给竞争者的风险。但是,无论是企业从其间接连接的竞争者那里获取知识还是泄露知识给竞争者,都是因为中介主动在企业及其竞争者之间传递信息。一般而言,处于中间位置的中介会出于自身利益的考虑而控制企业与其间接合作伙伴之间的知识流动。如果不同的合作伙伴与中介之间互惠互利的程度有所差别,则中介往往会青睐与其利益更加一致的合作伙伴。例如,中介可能更倾向于或者更频繁地与其青睐的合作伙伴互动,并与它们分享来自其他合作伙伴的更有价值的知识(Belderbos et al.,2016)。因此,对企业来说,通过使用适当的联盟治理机制来约束中介的自利行为,实现与中介的利益更趋于一致尤为重要。

以往研究提出,企业可以与合作伙伴建立重复型联盟,以抑制合作伙伴的机会主义行为,从而促进合作(Gulati,1995b;Goerzen,2007;Holloway and Parmigiani,2016;Oh and Lee,2017;Podolny,1994;Xia,2011)。重复型联盟是指合作企业通过多次结盟维持一种反复合作的长期关系。联盟合作伙伴在多次互动的过程中,随着时间的推移,对彼此的能力、优势和行为有更深入的了解;在彼此增进理解的基础上,信任逐渐发展和加强(Gulati and Sytch,2008)。依赖于可预测性、可靠性和共同成功的历史,重复型联盟有助于促进联盟伙伴之间的未来合作以及减轻与机会主义相关的风险。

由于先前互动所建立的信任可以作为一种保障,阻止合作伙伴为自身利益而非法占用或者泄露企业的知识(Holloway and Parmigiani，2016），重复的伙伴关系本质上是一种基于信任的非正式治理机制。① 前期研究表明，基于信任的非正式治理机制可以被视为正式联盟治理机制②的替代品（Connelly et al.，2012；Rahman and Korn，2010）。鉴于详细合同条款的设计和制定既昂贵又耗时（Goerzen，2007），重复型联盟中合作伙伴之间的信任为使用较不完整的合同提供了可行性。依靠过去的经验、共同的历史和合作伙伴之间建立的理解，重复型联盟可以增进互信，加强合作，减少对正式合同的需求。此外，在研发活动具有高度不确定性的生物制药行业，很难制定完整的研发联盟协议条款。因此，信任在缓解不完全契约问题方面发挥着重要作用（Xie et al.，2021），尽管它并没有完全消除制定研发联盟可执行条款的必要性（Reuer and Ariño，2007）。因此，通过重复的伙伴关系建立信任可以提供一种非正式治理机制以约束伙伴的机会主义行为，从而促进联盟伙伴之间的合作。

基于上述讨论，一般而言，当企业选择潜在的结盟对象之时，如果潜在的结盟对象已经与企业的竞争对手建立联盟，则企业可以选择成立重复型联盟，以此提升与联盟伙伴即中介的信任关系，从而抑制中介的机会主义行为。据此，提出如下假说：

假说 H1a：当一家大型医药公司选择联盟对象时，如果潜在的联盟对象即一家小型生物技术公司已经与其他大型医药公司结盟，且与该联盟对象结盟的其他大型医药公司越多，则该国际医药公司越可能

---

① 基于信任的治理，通常被认为是一种非正式的或关系型的治理机制，依赖于企业对其联盟伙伴不会采取自利行为的积极期望（Connelly et al.，2012；Krishnan et al.，2016）。
② 正式治理或合同治理包括官方和书面协议，以规范合作伙伴的职责和责任，减少机会主义行为以及控制风险（Keller et al.，2021；Solinas et al.，2022）。

选择成立重复型联盟。

假说 H1b：当一家小型生物技术公司选择联盟对象时，如果潜在的联盟对象即一家大型医药公司已经与其他小型生物技术公司结盟，且与该联盟对象结盟的其他小型生物技术公司越多，则该小型生物技术公司越可能选择成立重复型联盟。

6.3 研究方法

6.3.1 研究样本

本研究聚焦于 20 世纪末至 21 世纪初的生物医药行业。如上文所述，在这一特定时期，该行业发展成为一个双元市场结构，包括一小群大型医药公司和一大群初创的小型生物技术公司。鉴于双方的资源极具互补性，生物医药行业中的企业研发联盟主要就是在大型医药公司与小型生物技术公司之间形成的，因为获取对方的核心能力是彼此成功的关键。因此，在 20 世纪末至 21 世纪初的生物医药行业中，从大型医药公司的视角出发，研发联盟网络呈现出"大—小—大"的结构特征，即大型医药公司与其竞争对手间接相连；与之类似，从小型生物技术公司的角度来看，研发联盟网络呈现出"小—大—小"的结构特征，即小型生物技术公司也与其竞争对手间接相连。有鉴于此，依据上述联盟网络特征的分析，这一特定时期的生物医药行业构成了本研究合适的研究情境。

本研究的数据主要从以下来源收集：① MERIT-CATI（Maastricht Economic Research Institute on Innovation and Technology，Cooperative Agreements and Technology Indicators）数据库以及SDC-Platinum数据库提供的全球生物医药行业生物技术领域企业研发联盟的数据。MERIT-CATI数据库提供了每个联盟的信息以及参与结盟公司的一些信息，SDC-Platinum数据库也提供了类似信息（Schilling，2009）。② 企业研发联盟可能是母公司层面也可能是子公司层面成立的。因此，本研究首先使用D&Bs *Who Owns Whom* 数据库确定了大型医药公司和小型生物技术公司的所有子公司，然后将研发联盟数据（Rosenkopf and Padula，2008；Schilling and Phelps，2007；Vanhaverbeke *et al.*，2012）汇总至母公司层面（Ahuja，2000a；Schilling and Phelps，2007）。

为扩充研究样本至21世纪早期时段，本研究在已有数据基础上进一步收集和整理了生物医药行业中2001—2006年的企业研发联盟数据。20世纪末至21世纪初，随着生物技术在新药研发中的商业化应用逐渐取得突破，生物医药行业步入快速发展阶段。与此同时，大型医药公司与小型生物技术公司之间成立的研发联盟数量较前期呈现显著增长。总体而言，本研究的样本周期为1987—2006年，包括3 988个在生物技术领域内的企业研发联盟。① 本研究根据企业在1982—2005年之间成立的3 980个研发联盟数据构建联盟邻接矩阵，

---

① 本研究仅仅关注一家大型医药公司与一家小型生物技术公司建立研发联盟的特定情形。如果一个生物技术领域内研发联盟的联盟伙伴超过两家企业，则这一数据就会被去除。

然后在此基础上运用 Ucinet 6 软件计算两步间接连接(Borgatti et al.,2002)。具体而言,由于数据库通常不提供企业联盟解散的日期,以往研究假定企业研发联盟的平均存续周期为五年(Kogut,1988,1989;Tatarynowicz et al.,2016;Vasudeva and Anand,2011)。遵循以往研究采用五年周期的规则(Gulati,1995a;Vanhaverbeke et al.,2009,2012),本研究使用样本年度前五年内建立的研发联盟来构建样本年度联盟邻接矩阵。例如,如果样本年度为 1987 年,那么 1982—1986 年成立的联盟用于构建 1987 年的邻接矩阵。

6.3.2 研究变量

(1)因变量

本研究的因变量为重复型联盟。重复型联盟是一个二元变量,当建立研发联盟的两家企业之间在过去 5 年内也曾经成立过联盟时,这一变量被赋值为 1,否则赋值为 0(Oh and Lee,2017)。以往研究表明,联盟的平均存续周期为五年(Hagedoorn et al.,2008;Kogut,1989)。如果企业选择在上一个联盟存续期间内与联盟伙伴再次建立新的联盟,那么企业及其联盟伙伴的管理层与研发人员将会长期保持接触,彼此之间更可能建立信任机制。相较而言,如果企业及其联盟伙伴之前的合作过于久远,即联盟关系已经结束,那么双方人员可能因缺乏联系或者人员变动而相互不熟悉,此时即使再次建立联盟,也难以及时建立有效的信任机制。因此,本研究遵循以往研究惯例(Gulati,1995a;Li and Ferreira 2008),即以过去五年的期间来赋值重复型联盟。

(2)解释变量

本研究的解释变量为竞争者构成的间接连接。本研究从不同企业的视角出发，分别计量这一变量。从大型医药公司的视角出发，其研发联盟的网络结构呈现出"大—小—大"的特征，即大型医药公司的两步间接连接就是与之竞争的其他大型医药公司。从小型生物技术公司的视角出发，其研发联盟的网络结构呈现出"小—大—小"的特征，即小型生物技术公司的两步间接连接就是与之竞争的其他小型生物技术公司。因此，在一个大型医药公司 A 与小型生物技术公司 B 建立的研发联盟中，对大型医药公司 A 而言，竞争者构成的间接连接即为其通过 B 连接的其他大型医药公司的数量；对小型生物技术公司 B 而言，竞争者构成的间接连接即为其通过 A 连接的其他小型生物技术公司的数量。

(3)控制变量

①跨国联盟。跨国联盟是一个二元变量，当两个联盟伙伴的总部分别属于不同的国家时，这一变量被赋值为 1，否则赋值为 0(Owen and Yawson,2015)。企业研发联盟是开放式创新的重要手段之一，但由于联盟伙伴之间的差异性和机会主义行为，企业研发联盟并不能保证企业一定可以获取外部知识(Colombo et al.,2006;Pisano,1997;Sampson,2007)。这一情况尤其适用于跨国研发联盟，因为两个不同国家在法律体制和文化方面通常存在巨大的差异(Phelps,2010;Xia,2011)。此外，因相隔遥远不方便及时沟通可能导致联盟伙伴之间更难防止机会主义行为。因此，跨国联盟通常需要构建一个有效的联盟治理机构，如重复型联盟，以增进信任与合作。

②股权式联盟。股权式联盟是一个二元变量,当前的研发联盟若属于股权式联盟,则这一变量被赋值为 1,否则赋值为 0(Colombo,2003;Gulati,1995a;Lioukas and Reuer,2020;Oxley and Sampson,2004)。股权式联盟是一种正式的联盟治理机制,在一定程度上可以与基于信任的非正式联盟治理机制相互替代(Connelly et al.,2012;Rahman and Korn,2010;Robinson and Stuart,2007)。

③医药专营。国际医药公司包括医药专营巨头和更多元化的化学与医药集团两类。为控制多元化程度不同的两类企业在结盟战略中的区别,本研究设置了医药专营这一虚拟变量。如果大型医药公司是一家医药专营巨头,则虚拟变量设置为 1,否则为零。医药专营巨头是指专门从事 SIC 2834(药物制剂制造)的公司,而化学与医药集团是指同时从事 SIC 2834 和 SIC 2890(化学产品制造)的公司。

④公司成立时间。本研究采用小型生物技术公司的成立时间来计量这一指标。1976 年之后,生物技术的突破引致了生物医药行业的诞生以及大量生物技术公司的创立,因此一般来说小型生物技术公司的成立时间是从 1976 年开始的。相较于历史悠久且规模庞大的大型医药公司,初创的小型生物技术公司通常资源极为贫乏,且市场认可度较低(Baum et al.,2000;Diestre and Rajagopalan,2012;Hagedoorn et al.,2008;Katila et al.,2008),因此,在与大型医药公司的联盟中,小型生物技术公司处于相对弱势的地位。这一地位差异产生的影响在选择联盟对象时显得愈发明显。大型医药公司资源雄厚且久负盛名,可以从诸多小型生物技术公司中挑选合适的联盟对象,而小型生物技术公司迫切需要财务资源但又不广为人知,因而选择余地极为有

限。以往研究表明,随着初创企业存续的时间越来越长,小型生物技术公司的困境会逐渐改善,其结盟战略可能也会作出相应的调整。此外,随着初创企业存续的时间越来越长,其建立重复型联盟的机会也会自然增多。因此,本研究将公司成立时间这一变量纳入回归模型(Rothaermel and Boeker,2008;Sorensen and Stuart,2000)。

⑤地域固定效应。建立研发联盟的企业来自不同的国家,各个国家的地域差别可能会影响企业的结盟战略。为控制这一效应,本研究分别针对参加联盟的大型医药公司和小型生物技术公司所在的每个国家设置了地域固定效应。

⑥年份固定效应。企业的结盟战略可能会随着时间而变化,这一趋势可能会同时影响所有样本公司。为此,本研究控制了年份固定效应。

6.3.3 研究模型

本研究中的因变量即重复型联盟是二元变量,因此 logit 模型是合适的选择(Greene,2018)。此外,在本研究的联盟数据中,同一家企业经常建立多家研发联盟,由此可能会导致观测值之间存在相关性(Ryu et al.,2018)。为缓解这一问题,本研究采用以大型医药公司和小型生物技术公司同为聚类变量[①]的聚类稳健标准误(Colin et al.,2011;Kleinbaum et al.,2013)。本研究采用 Stata 软件中的"clus_

---

① 相较于小型生物技术公司,同一家大型医药公司建立多家研发联盟的可能性更大,因此,作为稳健性测试,本研究采用了以大型医药公司为单一聚类变量的聚类稳健标准误,其结果没有实质差异。此外,本研究也采用了以小型生物技术公司为单一聚类变量的聚类稳健标准误,其结果也没有实质差异。

nway"命令来实现这一功能。

最后,在本研究的数据中,重复型联盟发生的次数远小于非重复型联盟发生的次数[①],因此本研究采用了稀有事件逻辑模型(Rare Event logistic model)。具体而言,本研究首先采用了 Rare Event logit 模型(通过 Stata 软件中的"relogit"命令实现这一功能),这一模型可以采用聚类稳健标准误但是不可以包含年份固定效应和地域特定效应(King and Zeng,2001),本研究继而采用了 Firth logit 模型(通过 Stata 软件中的"firthlogit"命令实现这一功能),这一模型可以包含年份固定效应和地域特定效应,但是不可以采用聚类稳健标准误(Firth,1993)。

6.4　实证结果

表 6—1 是对样本中变量进行描述性统计分析和相关性分析的结果。如表 6—1 所示,总体而言,解释变量之间的相关性较低,低于 $r < 0.70$ 的临界点(Cohen et al.,2003)。此外,为评估多重共线性的严重程度,本研究计算了方差膨胀因子(VIF),VIF 的平均值为 1.11,最大值为 1.28。所有 VIF 值都远低于 10 的临界点(Cohen et al.,2003; Hair et al.,2010),表明多重共线性不会对模型估计造成影响。从大型医药公司的视角出发,其与小型生物技术公司结盟而间接连接的竞争对手的平均数量为 1 家;从小型生物技术公司的视角出发,其与大

[①] 重复型联盟发生的次数仅占观测值总数的约 10%(见表 6—1)。

型医药公司结盟而间接连接的竞争对手的平均数量为12家。这一数据表明,就竞争者构成的间接连接而言,小型生物技术公司所承受的风险远大于大型医药公司。小型生物技术公司成立时间的平均值为1992年,这说明20世纪末至21世纪初是小型生物技术公司大量涌现的时期。最后,约10%的联盟属于重复型联盟,这一结果说明样本存在稀有事件的问题。

表6—2是回归分析的结果。模型1a、模型2a和模型3a提供了仅包括控制变量的回归分析结果。模型1b、模型2b和模型3b是添加了竞争者构成的间接连接变量之后的回归分析结果。假说H1a提出,当一家大型医药公司选择联盟对象时,如果潜在的联盟对象即一家小型生物技术公司已经与其他大型医药公司结盟,且与该联盟对象结盟的其他大型医药公司越多,则该大型医药公司越可能选择成立重复型联盟。根据模型1b、模型2b和模型3b的一致结果,对大型医药公司而言,竞争者构成的间接连接对重复型结盟战略有显著正向影响(在模型1b中,$\beta=0.2728, p<0.01$;在模型2b中,$\beta=0.3101, p<0.001$;在模型3b中,$\beta=0.2531, p<0.001$),从而证实了假说H1a。假说H1b提出,当一家小型生物技术公司选择联盟对象时,如果潜在的联盟对象即一家大型医药公司已经与其他小型生物技术公司结盟,且与该联盟对象结盟的其他小型生物技术公司越多,则该小型生物技术公司越可能选择成立重复型联盟。对小型生物技术公司而言,尽管模型2b中竞争者构成的间接连接的系数是正向显著的($\beta=0.0302, p<0.001$),但是模型1b和模型3b中的结果均不显著,因而未能证实假说H1b。

表6—1　变量描述性与相关性统计

变量	均值	方差	1	2	3	4	5	6
1. 重复型联盟	0.10	0.30						
2. 竞争者构成的间接连接（大型医药公司）	1.07	1.66	0.25					
3. 竞争者构成的间接连接（小型生物技术公司）	12.04	11.76	0.09	0.06				
4. 跨国联盟	0.56	0.50	−0.05	−0.03	0.00			
5. 股权式联盟	0.13	0.33	−0.01	−0.04	−0.10	0.07		
6. 医药专营	0.59	0.49	0.02	0.01	0.29	0.03	−0.04	
7. 公司成立时间	1992	6.62	−0.06	−0.13	0.36	0.00	−0.10	0.05

注：$N=3\,988$。

表 6-2　回归结果

变量	Logit 回归 模型 1a	Logit 回归 模型 1b	Rare Event Logit 回归 模型 2a	Rare Event Logit 回归 模型 2b	Firth Logit 回归 模型 3a	Firth Logit 回归 模型 3b
跨国联盟	−0.011 9 (0.436 1)	0.077 7 (0.459 9)	−0.350 6[†] (0.200 7)	−0.365 4* (0.171 0)	−0.033 0 (0.409 1)	0.024 6 (0.421 7)
股权式联盟	0.027 8 (0.371 9)	0.016 5 (0.435 1)	−0.050 4 (0.282 5)	0.107 3 (0.316 6)	0.052 3 (0.325 1)	0.047 0 (0.337 5)
医药专营（大型医药公司）	−0.012 5 (0.228 2)	−0.051 5 (0.196 3)	0.158 3 (0.195 0)	−0.074 3 (0.150 3)	−0.017 8 (0.241 5)	−0.056 5 (0.254 3)
公司成立时间（小型生物技术公司）	−0.045 8** (0.013 5)	−0.034 7* (0.016 1)	−0.029 3[†] (0.015 0)	−0.038 0* (0.016 0)	−0.044 0*** (0.005 1)	−0.033 7** (0.010 6)
竞争者构成的间接连接（大型医药公司）		0.272 8** (0.089 0)		0.310 1*** (0.046 6)		0.253 1*** (0.052 4)
竞争者构成的间接连接（小型生物技术公司）		0.011 1 (0.010 9)		0.030 2*** (0.007 5)		0.010 0 (0.014 1)
常数项	91.228 0** (26.723 0)	68.034 8* (32.081 4)	56.338 0[†] (29.876 6)	72.924 9* (31.835 8)	85.302 2*** (10.011 7)	64.593 3** (21.128 3)
地域虚拟变量	Y	Y	N	N	Y	Y
年度虚拟变量	Y	Y	N	N	Y	Y
聚类稳健标准误	Y	Y	Y	Y	N	N
N	3 988	3 988	3 988	3 988	3 988	3 988

注：括号中为标准误差；† $p<0.10$，* $p<0.05$，** $p<0.01$，*** $p<0.001$。

关于控制变量,模型1b、模型2b和模型3b的结果一致显示,公司成立时间的系数负向显著。这一结果表明,小型生物技术公司成立的时间越晚,其建立重复型联盟的机会也就越小。此外,越年轻的小型生物技术公司由于缺乏资源,越不可能在与大型医药公司的结盟中有足够的话语权来选择适合自身的联盟形式。

6.5　研究结论

本研究从非正式联盟治理机制的视角出发,探讨了在生物医药行业中竞争者构成的间接连接对企业结盟战略的重要影响。研究发现:第一,当一家大型医药公司选择联盟对象时,如果潜在的联盟对象即一家小型生物技术公司已经与其他大型医药公司结盟,且与该联盟对象结盟的其他大型医药公司越多,则该大型医药公司越可能选择成立重复型联盟。第二,当一家小型生物技术公司选择联盟对象时,如果潜在的联盟对象即一家大型医药公司已经与其他小型生物技术公司结盟,且与该联盟对象结盟的其他小型生物技术公司越多,则该小型生物技术公司并未显著倾向于选择成立重复型联盟。针对这一结果的可能解释是,选择一家曾经成立过联盟的老伙伴而非一个新伙伴作为联盟对象,可以帮助小型生物技术公司尽量免受竞争者构成的间接连接所带来的危害。但是,处于强势地位的大型医药公司才更有资格挑选潜在的联盟对象,而处于弱势地位的小型生物技术公司则必须尽可能抓住每一次结盟的机会。第三,企业选择股权式联盟这一因素不会显著影响企业选择重复型联盟的可能性。对此结果的可能解释是，尽管股权式联盟和重复型联盟均为有效的联盟治理机制，但是选择两者所需承担的成本、适用的条件以及实际的作用机制并不完全一致。从作用机制来看，股权式联盟主要运用明确的制度安排，重复型联盟主要基于结盟双方的互信以及背盟之后的预期损失。从成本或适用条件来看，采用股权式联盟的企业必须承担结盟之后的治理成本且须与联盟伙伴分享收益，采用重复型联盟的企业则必须处于强势地位才有机会挑选潜在的联盟对象。以往一些实证研究认为股权式联盟和重复型联盟可以相互替代，另一些实证研究则认为两者属于互补关系。本研究的结论与后者较为一致，因此企业可以根据实际情况灵活采用不同的联盟治理机制。

综上所述，以往研究发现，当企业面临与联盟对象之间的知识泄露风险时，较之非重复型联盟，企业更倾向于成立重复型联盟。本研究的理论贡献在于证实了在与竞争对手间接关联的条件下，为缓解竞争者构成的间接连接所产生的知识泄露风险，企业更倾向于选择成立重复型联盟。鉴于以往关于企业结盟战略的实证研究并未关注这一领域，本研究的结论丰富了企业结盟战略理论，并为优化联盟网络结构提供了可行性思路。

本研究存在以下局限性，这也为未来的研究提供了可能的探索方向：首先，本研究的样本来源于20世纪末至21世纪初的生物医药行业，因而结论不具有普适性，未来可以考虑在其他高科技行业或者不同历史时期进一步验证本研究的结论。其次，小型生物技术公司除与大型医药公司结盟之外，也会与大学等非营利性研究机构结盟，未来的研究可考虑纳入以上情形,深入探讨不同类型的间接连接如何影响企业的结盟战略。最后,重复型联盟战略虽然促进了信任,但是企业之间的信任归根结底来自双方员工之间的密切交往。未来的研究可以深挖双方人员之间的合作方式,从而进一步理解信任机制及其对企业结盟战略的影响。

结　语

作为开放式创新的方式之一,企业研发联盟是企业获取外部知识的重要手段,有助于企业提升自身的创新能力与创新产出。但是,当企业置身于创新网络或者研发联盟网络中时,企业即便可以选择不与竞争对手直接结盟,也无法避免通过中介与竞争对手间接关联。本书主要的研究目的是厘清竞争者构成的间接连接对企业创新与结盟战略产生的深远影响。此外,本书聚焦于生物医药行业,而生物医药行业是上海市为发展新质生产力、加快推进科技创新、构建现代化产业体系而提出的"三大先导产业"之一。因此,本书的研究成果可服务于优化生物医药企业的创新战略并为提升其创新能力提供政策性建议,进而有助于促进上海生物医药产业的长远发展。本书的主要建议如下:

首先,本书研究表明,竞争者构成的间接连接对企业创新的影响取决于不同类型的创新,即企业创新价值链上游的技术创新和创新价值链下游的产品创新。具体而言,对企业的技术创新即探索式创新而言,由竞争者构成的间接连接所带来的知识流入的收益超过知识泄露的成本,因而竞争者构成的间接连接有利于提升企业创新价值链上游的创新能力与技术创新产出;对企业的产品创新即开发式创新而言,由竞争者构成的间接连接所带来的知识泄露的成本超过知识流入的收益,因而竞争者构成的间接连接有害于企业创新价值链下游的创新能力与产品创新产出。因此,对大型医药公司而言,置身于生物医药行业的创新网络中,企业可以获取大量新颖且多元的信息,但是必须同时关注网络中的竞争对手。这些间接连接的竞争者可以为企业带来有价值的、特定行业的知识,同时也会导致企业自身知识泄露的风险。面对这样一种矛盾的局面,企业管理者可以尝试构建一个广泛连接所有企业的网络用于吸收新颖且多元的行业知识,从而帮助企业提升技术创新能力。但是,若需借助开放式创新来拓展产品创新能力,则企业管理者可以与联盟伙伴成立排他性的企业联盟,同时密切关注联盟伙伴随后的联盟行为以避免其与自己的竞争对手结盟。简言之,企业管理者必须充分意识到竞争者构成的间接连接具有双重作用,并确定在什么情况下配置何种创新网络以提升企业创新能力。

其次,本书研究表明,在创新网络中处于企业与竞争对手之间的中介会影响竞争者构成的间接连接与企业创新的关系。对大型医药公司而言,尽管处于大型医药公司及其竞争者之间的小型生物技术公司力量相对弱小,但是其占据了跨越结构洞的特定位置,因而获取了控制信息流动的能力。然而,处于中介位置的小型生物技术公司在合作伙伴之间传递信息时必然需要消耗自身本就比较稀缺的资源。因此，中介的自身利益将决定知识是从企业的竞争者流入企业，还是从企业流入其竞争对手。根据本书的实证研究结果，企业管理者可以构建股权式联盟为基础的联盟治理机制来抑制中介的自利行为并加强与中介的利益一致性，或者至少削弱作为间接连接的竞争对手在采取类似措施时对中介施加的影响力。总之，企业管理者必须学会如何与创新网络中的中介打交道。即使是实力雄厚的大企业，在与作为中介的小企业合作时，也要保持谨慎并采取适当的保护措施，从而在获取外部新知识的同时尽量减少自身核心知识泄露的严重风险。

再次，本书研究表明，竞争者构成的间接连接会影响企业的结盟战略。具体而言，企业在选择联盟对象之时，如果潜在的联盟对象已经与企业的竞争者成立联盟，在这一情形下企业会倾向于成立重复型联盟。因此，对大型医药公司而言，在选择联盟对象时，如果潜在的联盟对象已经与企业的竞争对手结盟，企业管理者可以选择避开此类联盟对象，或者在对方是值得信赖的老伙伴的情况下与之建立联盟。企业之间持续不断的合作可以帮助彼此相互了解并产生信任，进而为了维护声誉以及长远的利益而放弃机会主义行为。此外，在选择联盟对象时，如果潜在的联盟对象未与企业的竞争对手结盟，这并不意味着企业就不会面临风险。企业管理者必须时刻监督联盟对象的联盟行为，一旦联盟伙伴和企业的竞争对手建立联盟，企业就应当引起警觉并启动相应的应急机制或者采取后续补救措施。总之，企业在构建最优的创新网络时，除考虑企业自身的联盟行为之外，也需要考虑企业联盟对象的联盟行为。同时，构建最优创新网络并不是一个静态的、一劳永逸的工作,企业管理者需要根据情况的实时变化不断动态优化和调整创新网络。

最后,在生物医药行业中,一般而言,大型医药公司历史悠久且实力雄厚,而小型生物技术公司通常成立不久且资源相对匮乏。由于双方的实力差距,在选择联盟对象以及建立何种类型的研发联盟等方面,小型生物技术公司通常并没有话语权,难以有效维护自身的利益。但是,本书的研究也证实了小型生物技术公司可以通过在创新网络中处于跨越结构洞的位置(担任中介)来提升自身的地位,捍卫自身的权益。此外,随着小型生物技术公司日益成熟,作为初创小企业的困扰会逐渐消退。因此,小企业尤其是初创小企业的管理者必须更加慎重地构建并优化企业的创新网络,以尽量减少企业自身劣势产生的不利影响。

参考文献

[1]Adegbesan,J. A. ,Higgins,M. J. ,2011. The intra-alliance division of value created through collaboration. *Strategic Management Journal*,32:187—211.

[2]Aggarwal,V. A. ,2020. Resource congestion in alliance networks: How a firm's partners' partners influence the benefits of collaboration. *Strategic Management Journal*,41:627—655.

[3]Ahuja,G. ,2000a. The duality of collaboration: Inducements and opportunities in the formation of interfirm linkages. *Strategic Management Journal*,Special Issue 21:317—343.

[4]Ahuja,G. ,2000b. Collaboration networks,structural holes,and innovation: A longitudinal study. *Administrative Science Quarterly*,45:425—455.

[5]Ahuja,G. ,Katila,R. ,2001. Technological acquisitions and the in-

novation performance of acquiring firms: A longitudinal study. *Strategic Management Journal*, 22:197—220.

[6]Anand, J., Oriani, R., Vassolo, R. S., 2010. Alliance activity as a dynamic capability in the face of a discontinuous technological change. *Organization Science*, 21:1213—1232.

[7]Arora, A., Gambardella, A., 1990. Complementarity and external linkages: The strategies of large firms in biotechnology. *Journal of Industrial Economics*, 38:361—379.

[8]Baum, J. A. C., Calabrese, T., Silverman, B. S., 2000. Don't go it alone: Alliance network composition and startups' performance in Canadian biotechnology. *Strategic Management Journal*, 21:267—294.

[9]Baum, J. A. C., Rowley, T. J., Shipilov, A. V., Chuang, Y. T., 2005. Dancing with strangers: Aspiration performance and the search for underwriting syndicate partners. *Administrative Science Quarterly*, 50:536—575.

[10]Beckman, C. M., Haunschild, P. R., Phillips, D. J., 2004. Friends or strangers? Firm-specific uncertainty, market uncertainty, and network partner selection. *Organization Science*, 15(3):259—275.

[11]Belderbos, R., Gilsing, V., Suzuki, S., 2016. Direct and mediated ties to universities: 'Scientific' absorptive capacity and innovation performance of pharmaceutical firms. *Strategic Organization*, 14(1):32—52.

[12]Berg, S., Duncan, J., Friedman, R., 1982. *Joint Venture Strategies and Corporate Innovation*. Cambridge, MA: Oelgeschlager, Gunn and Hain.

[13] Bettis, R. A., Ethiraj, S., Gambardella, A., Helfat, C., Mitchell, W., 2016. Creating repeatable cumulative knowledge in strategic management: A call for a broad and deep conversation among authors, referees, and editors. *Strategic Management Journal*, 37(2): 257—261.

[14] Bianchi, M., Cavaliere, A., Chiaroni, D, Frattini, F., Chiesa, V., 2011. Organizational modes for open innovation in the bio-pharmaceutical industry: An exploratory analysis. *Technovation*, 31: 22—33.

[15] Blundell, R., Griffith, R., Reenen, J. V., 1995. Dynamic count data models of technological innovation. *Economic Journal*, 105: 333—344.

[16] Blundell, R., Griffith, R., Windmeijer, F., 2002. Individual effects and dynamics in count data models. *Journal of Econometrics*, 108: 113—131.

[17] Borgatti, S. P., Everett, M. G., Freeman, L. C., 2002. *Ucinet for Windows: Software for Social Network Analysis*. Harvard, MA: Analytic Technologies.

[18] Boudreau, K., Lakhani, K., Lacetera, N., 2011. Incentives and problem uncertainty in innovation contests: An empirical analysis. *Management Science*, 57: 843—863.

[19] Boyd, D. E., Spekman, R. E., 2008. The market value impact of indirect ties within technology alliances. *Journal of the Academy of Marketing Science*, 36: 488—500.

[20] Burt, R. S., 1992. *Structural Holes: The Social Structure of Competition*. Cambridge, MA: Harvard University Press.

[21]Burt, R. S., 1997. The contingent value of social capital. *Administrative Science Quarterly*, 42:339—365.

[22]Burt, R. S., 2000. The network structure of social capital. *Research in Organization Behavior*, 22:345—423.

[23]Burt, R. S., Burzynska, K., 2017. Chinese entrepreneurs, social networks, and Guanxi. *Management and Organization Review*, 13:1—40.

[24]Cameron, A. Colin, J. B. Gelbach, Douglas L. M., 2011. Robust inference with multi-way clustering. *Journal of Business and Economic Statistics*, 29(2):238—249.

[25]Cassiman, B., Veugelers, R., 2006. In search of complementarity in innovation strategy: Internal R&D and external technology acquisition. *Management Science*, 52:68—82.

[26]Ceccagnoli, M., Higgins, M. J., Palermo V., 2014. Behind the scenes: Sources of complementarity in R&D. *Journal of Economics and Management Strategy*, 23(1):125—148.

[27]Chen, M. -J., 2008. Reconceptualizing the competition-cooperation relationship: Atransparadox perspective. *Journal of Management Inquiry*, 17:288—304.

[28]Chen, M. J., Su, K. H., Tsai, W., 2007. Competitive tension: The awareness-motivation capability perspective. *Academy of Management Journal*, 50(1):101—118.

[29]Chen, S. -F. S., Hennart, J. -F., 2004. A hostage theory of joint ventures: Why do Japanese investors choose partial over full acquisitions to enter the United States? *Journal of Business Research*, 57(10):1126—

1134.

[30]Chesbrough, H. W. , 2003. *Open Innovation: The New Imperative for Creating and Profiting from Technology*. Boston: Harvard Business School Press.

[31]Christensen, C. M. , 1997. *The Innovator's Dilemma: When New Technologies Cause Great Firms to Fail*. Boston, MA: Harvard Business School Press.

[32]Christensen, C. M. , 2006. The ongoing process of building a theory of disruption. *Journal of Product Innovation Management*, 23: 39—55.

[33]Cohen, P. , Cohen, J. , West, S. G. , Aiken, L. S. , 2003. *Applied Multiple Regression/Correlation Analysis for the Behavioral Science*. 3rd ed. Hillsdale, NJ: Erlbaum.

[34]Cohen, W. M. , Levinthal, D. A. , 1990. Absorptive capacity: A new perspective on learning and innovation. *Administrative Science Quarterly*, 35: 128—152.

[35]Coleman, J. S. , 1988. Social capital in the creation of human capital. *American Journal of Sociology*, 94 (Supplement): S95—S120.

[36]Colombo, M. G. , 2003. Alliance form: A test of the contractual and competence perspectives. *Strategic Management Journal*, 24: 1209—1229.

[37]Colombo, M. G. , Grilli, L. , Piva, E. , 2006. In search of complementary assets: The determinants of alliance formation of high-tech start-ups. *Research Policy*, 35: 1166—1199.

[38]Connelly, B. L. , Miller, T. , Devers, C. E. , 2012. Under a cloud of

suspicion:Trust,distrust,and their interactive effect in interorganizational contracting. *Strategic Management Journal*,33:820—833.

[39]Contractor,F. J. ,Reuer,J. J. ,2014. Structuring and governing alliances:New directions for research. *Global Strategy Journal*,4:241—256.

[40]Darby,M. R. ,Zucker,L. G. ,2010. Grilichesian breakthroughs:Inventions of methods of inventing and firm entry in nanotechnology. NBER Chapters,in:Contributions in Memory of Zvi Griliches:143—164. National Bureau of Economic Research,Inc.

[41]Demirkan,I. ,Demirkan,S. ,2012. Network characteristics and patenting in biotechnology,1990—2006. *Journal of Management*,38(6):1892—1927.

[42]Deore,A. B. ,Dhumane,J. R. ,Wagh,H. V. ,Sonawane,R. B. ,2019. The stages of drug discovery and development process. *Asian Journal of Pharmaceutical Research and Development*,7(6):62—67.

[43]Diestre,L. ,Rajagopalan,N. ,2012. Are all 'sharks' dangerous? New biotechnology ventures and partner selection in R&D alliances. *Strategic Management Journal*,33:1115—1134.

[44]Drakeman,D. L. ,Drakeman,L. N. ,Oraiopoulos,N. ,2022. *From Breakthrough to Blockbuster:The Business of Biotechnology*. Oxford University Press.

[45]Dushnitsky,G. ,Shaver,J. M. ,2009. Limitations to interorganizational knowledge acquisition:The paradox of corporate venture capital. *Strategic Management Journal*,30:1045—1064.

[46]Dussauge, P., Garrette, B., Mitchell, W., 2000. Learning from competing partners: Outcomes and durations of scale and link alliances in Europe, North America and Asia. *Strategic Management Journal*, 21: 99—126.

[47]Duysters, G., Hagedoorn, J., 1993. *The Cooperative Agreements and Technology Indicators (CATI) Information System*. Maastricht: MERIT.

[48]Edris, S., Belderbos, R. Gilsing, V., 2024. Types of common R&D partners and knowledge leakage to rivals: The role of IP litigation reputation. *Technovation*, 131: 102—955.

[49]Fang, E., Lee, J., Palmatier, R., Han, S., 2016. If It takes a village to foster innovation, success depends on the neighbors: The effects of global and ego networks on new product launches. *Journal of Marketing Research*, LIII: 319—337.

[50]Firth, D., 1993. Bias reduction of maximum likelihood estimates. *Biometrika*, 80: 27—38.

[51]Fleming, L., 2001. Recombinant uncertainty in technological search. *Management Science*, 47: 117—132.

[52]Frankort, H., 2016. When does knowledge acquisition in R&D alliances increase new product development? The moderating roles of technological relatedness and product-market competition. *Research Policy*, 45: 291—302.

[53]Freeman, C., 1991. Networks of innovators: A synthesis of research issues. *Research Policy*, 20: 499—514.

[54] Friedman, Y., 2008. *The Business of Biotechnology*. Logos Press.

[55] Gilsing, V., Duysters, G., 2008. Understanding novelty creation in exploration networks: Structural and relational embeddedness jointly considered. *Technovation*, 28:693—708.

[56] Gilsing, V. A., Nooteboom, B., 2006. Exploration and exploitation in innovation systems: The case of pharmaceutical biotechnology. *Research Policy*, 35:1—23.

[57] Giovannetti, E., Piga, C. A., 2017. The contrasting effects of active and passive cooperation on innovation and productivity: Evidence from British local innovation networks. *International Journal of Production Economics*, 187:102—112.

[58] Gnekpe, C., Coeurderoy, R., Mulotte, L., 2023. How a firm's knowledge base influences its external technology sourcing strategy: The case of biopharmaceutical firms. *Industry and Innovation*, 30(2):233—262.

[59] Gnyawali, D. R., Park, B.-J. R., 2011. Co-opetition between giants: Collaboration with competitors for technological innovation. *Research Policy*, 40:650—663.

[60] Goerzen, A., 2007. Alliance networks and firm performance: The impact of repeated partnerships. *Strategic Management Journal*, 28:487—509.

[61] Grabowski, H., 2011. The evolution of the pharmaceutical industry over the past 50 years: A personal reflection. *International Journal of*

the Economics of Business,18:161—176.

[62]Granovetter, M. ,1982. The strength of weak ties: A network theory revisited. In P. Marsden and N. Lin (eds.), *Social Structure and Network Analysis*. Beverly Hills,CA:Sage,103—130.

[63]Granovetter,M. ,1985. Economic action and social structure:The problem of embeddedness. *American Journal of Sociology*,91:481—510.

[64]Granovetter,M. ,1992. Problems of explanation in economic sociology. In N. Nohria and R. G. Eccles (Eds.), *Networks and Organizations:Structure,Form,and Action*. Boston,MA:Harvard Business School Press,29—56.

[65]Greene, W. H. ,2018. *Econometric Analysis*. 8th ed. London: Pearson.

[66]Grigoriou, K. , Rothaermel, F. T. , 2017. Organizing for knowledge generation:Internal knowledge networks and the contingent effect of external knowledge sourcing. *Strategic Management Journal*, 38(2): 395—414.

[67]Guan, J. , Liu, N. , 2016. Exploitative and exploratory innovation in knowledge network and collaboration network:A patent analysis in the technological field of nano-energy. *Research Policy*,45:97—112.

[68]Gulati, R. , 1995a. Social structure and alliance formation patterns:A longitudinal analysis. *Administrative Science Quarterly*,40:619—652.

[69]Gulati,R. ,1995b. Does familiarity breed trust? The implications of repeated ties for contractual choice in alliances. *Academy of Manage-*

ment Journal,38(1):85—112.

[70]Gulati,R.,1998. Alliances and networks. *Strategic Management Journal*,19:293—317.

[71]Gulati,R.,Garguilo,M.,1999. Where do interorganizational networks come from? *American Journal of Sociology*,104:1439—1493.

[72]Gulati,R.,Nohria,N.,Zaheer,A.,2000. Strategic networks. *Strategic Management Journal*,21:203—215.

[73]Gulati,R.,Sytch,M.,2008. Does familiarity breed trust? Revisiting the antecedents of trust? *Managerial and Decision Economics*,29:165—190.

[74]Hagedoorn,J.,1993. Understanding the rationale of strategic technological partnering:Interorganizational modes of cooperation and sectoral differences. *Strategic Management Journal*,14:371—385.

[75]Hagedoorn,J.,2002. Inter-firm R&D partnerships:An overview of major trends and patterns since 1960. *Research Policy*,31:477—482.

[76]Hagedoorn,J.,2006. Understanding the cross-level embeddedness of interfirm partnership formation. *Academy of Management Review*,31:670—680.

[77]Hagedoorn,J.,Cloodt,D. Kranenburg,H.,2005. Intellectual property rights and the governance of international R&D partnerships. *Journal of International Business Studies*,36:175—186.

[78]Hagedoorn,J.,Duysters,G.,2002. Learning in dynamic interfirm networks:The efficacy of multiple contacts. *Organization Studies*,23:525—548.

[79] Hagedoorn, J., Letterie, W., Palm, F., 2011. The information value of R&D alliances: The preference for local or distant ties. *Strategic Organization*, 9:283—309.

[80] Hagedoorn, J., Roijakkers, N., Kranenburg, H., 2008. The formation of subsequent inter-firm R&D partnerships between large pharmaceutical companies and small, entrepreneurial biotechnology firms: How important is inter-organizational trust? *International Journal of Technology Management*, 44:81—92.

[81] Hagedoorn, J., Wang, N., 2012. Is there complementarity or substitutability between internal and external R&D strategies? *Research Policy*, 41(6):1072—1083.

[82] Hair, J. F. J., Black, W. C., Babin, B. J., Anderson, R. E., 2010. *Multivariate Data Analysis* (7th ed). Upper Saddle River, NJ: Prentice Hall.

[83] Hamel, G., 1991. Competition for competence and inter-partner learning within international strategic alliances. *Strategic Management Journal*, 12:83—103.

[84] Hamel, G., Doz, Y. L., Prahalad, C. K., 1989. Collaborate with your competitors—and win. *Harvard Business Review*, 67:133—139.

[85] Hamilton, B. H., Nickerson, J. A., 2003. Correcting for endogeneity in strategic management research. *Strategic Organization*, 1:51—78.

[86] Hargadon, A., Sutton, R. I., 1997. Technology brokering and innovation in a product development firm. *Administrative Science Quarter-*

ly,42:716—749.

[87]Haunschild,P. R. ,1993. Interorganizational imitation: The impact of interlocks on corporate acquisition activity. *Administrative Science Quarterly*,38:564—592.

[88]Henderson,R. M. ,Clark,K. B. ,1990. Architectural innovation: The reconfiguration of existing product technologies and the failure of established firms. *Administrative Science Quarterly*,35:9—30.

[89]Hernandez,E. ,Sanders,W. G. ,Tuschke,A. ,2015. Network defense:Pruning,grafting,and closing to prevent leakage of strategic knowledge to rivals. *Academy of Management Journal*,58:1233—1260.

[90]Hess,A. M. ,Rothaermel,F. T. ,2011. When are assets complementary? Star scientists,strategic alliances,and innovation in the pharmaceutical industry. *Strategic Management Journal*,32:895—909.

[91] Higgins, M. , Rodriguez, D. , 2006. The outsourcing of R&D through acquisition in the pharmaceutical industry. *Journal of Financial Economics*,80:351—383.

[92]Hill,C. W. L. ,Rothaermel,F. T. ,2003. The performance of incumbent firms in the face of radical technological change. *Academy of Management Review*,28:257—274.

[93]Hoang,H. ,Rothaermel,F. T. ,2010. Leveraging internal and external experience: Exploration, exploitation, and R&D project performance. *Strategic Management Journal*,31:734—758.

[94]Holloway,S. S. ,Parmigiani,A. ,2016. Friends and profits don't mix:The performance implications of repeated partnerships. *Academy of*

Management Journal, 59(2): 460—478.

[95]Jones, C., Hesterly, W. S., Borgatti, S. P., 1997. A general theory of network governance: Exchange conditions and social mechanisms. Academy of Management Review, 22: 911—945.

[96]Kale, P., Singh, H., Perlmutter, H., 2000. Learning and protection of proprietary assets in strategic alliances: Building relational capital. Strategic Management Journal, 21: 217—238.

[97]Kapoor, R., Klueter, T., 2015. Decoding the adaptability-rigidity puzzle: Evidence from pharmaceutical incumbents' pursuit of gene therapy and monoclonal antibodies. Academy of Management Journal, 58: 1180—1207.

[98]Karamanos, A. G., 2012. Leveraging micro- and macro-structures of embeddedness in alliance networks for exploratory innovation in biotechnology. R&D Management, 42: 71—89.

[99]Katila, R., Rosenberg, J. D., Eisenhardt, K. M., 2008. Swimming with sharks: Technology ventures and corporate relationships. Administrative Science Quarterly, 53: 295—332.

[100]Keller, A., Lumineau, F., Mellewigt, T., Ariñod, A., 2021. Alliance governance mechanisms in the face of disruption. Organization Science, 32(6): 1542—1570.

[101]Khanna, T., Gulati, R., Nohria, N., 1998. The dynamics of learning alliances: Competition, cooperation, and relative scope. Strategic Management Journal, 19(3): 193—210.

[102]King, G., Zeng, L., 2001. Exploring rare events in international

relations. *International Organization*,55(3):693—715.

[103]King,G.,Zeng,L.,2001. Logistics regression in rare events data,downloaded from http://gking. harvard. edu/files/0s. pdf on 26/06/2009.

[104]Kleinbaum,A. M.,Stuart,T. E.,Tushman,M. L.,2013. Discretion within constraint:Homophily and structure in a formal organization. *Organization Science*,24(5):1316—1336.

[105]Kogut,B.,1989. The stability of joint ventures:Reciprocity and competitive rivalry. *Journal of Industrial Economics*,38:505—519.

[106]Koka,B.,Prescott,J.,2002. Strategic alliances as social capital:A multidimensional view. *Strategic Management Journal*,23:795—816.

[107]Koka,B.,Prescott,J.,2008. Designing alliance networks:The influence of network position,environmental change,and strategy on firm performance. *Strategic Management Journal*,29:639—661.

[108]Kranenburg,H.,Hagedoorn,J.,Lorenz-Orlean,S.,2014. Distance costs and the degree of inter-partner involvement in international relational-based technology alliances. *Global Strategy Journal*,4:280—291.

[109]Krishnan,R.,Geyskens,I.,Steenkamp,J.-B. E. M.,2016. The effectiveness of contractual and trust-based governance in strategic alliances under behavioral and environmental uncertainty. *Strategic Management Journal*,37:2521—2542.

[110]Larson,A.,1992. Network dyads in entrepreneurial settings:A study of the governance of exchange relationships. *Administrative Science Quarterly*,37:76—104.

[111]Laursen,K.,Salter,A.,2006. Open for innovation: The role of openness in explaining innovation performance among U. K. manufacturing firms. *Strategic Management Journal*,27:131—150.

[112]Lavie,D.,Lunnan,R.,Truong,B. M. -T.,2022. How does a partner's acquisition affect the value of the firm's alliance with that partner? *Strategic Management Journal*,43:1897—1926.

[113]Lavie,D.,Rosenkopf,L.,2006. Balancing exploration and exploitation alliance formation. *Academy of Management Journal*,49:797—818.

[114]Lavie,D.,Stettner,U.,Tushman,M. L.,2010. Exploration and exploitation within and across organizations. *The Academy of Management Annals*,4:109—155.

[115]Leonard-Barton,D.,1984. Inter-personal communication patterns among Swedish and Boston-area entrepreneurs. *Research Policy*,13:101—114.

[116]Leten,B.,Kelchtermans,S.,Belderbos,R.,2022. How does basic research improve innovation performance in the world's major pharmaceutical firms? *Industry and Innovation*,29(3):396—424.

[117]Levinthal,D. A.,March,J. G.,1993. The myopia of learning. *Strategic Management Journal*,14:95—112.

[118]Li,D.,Eden,L.,Hitt,M. A.,Ireland,R. D.,Garrett,R. P.,2012. Governance in multilateral R&D alliances. *Organization Science*,23:1191—1210.

[119]Li,D.,Ferreira,M. P.,2008. Partner selection for international

strategic alliances in emerging economies. *Scandinavian Journal of Management*, 24(4):308—319.

[120]Li, N., Boulding, W., Staelin, R., 2010. General alliance experience, uncertainty, and marketing alliance governance mode choice. *Journal of the Academy of Marketing Science*, 38:141—158.

[121]Li, Y., Vanhaverbeke, W., Schoenmakers, W., 2008. Exploration and exploitation in innovation: Reframing the interpretation. *Creativity and Innovation Management*, 17:107—126.

[122] Lioukas, C. S., Reuer, J. J., 2020. Choosing between safeguards: Scope and governance decisions in R&D alliances. *Journal of Management*, 46(3):359—384.

[123] Liyanage, C., Elhag, T., Ballal, T. Li, Q., 2009. Knowledge communication and translation: A knowledge transfer model. *Journal of Knowledge Management*, 13(3):118—131.

[124]Lokshin, B, Belderbos, R., Carree, M., 2008. The productivity effects of internal and external R&D: Evidence from a dynamic panel data model. *Oxford Bulletin of Economics and Statistics*, 70:399—413.

[125] Madhok, A., Tallman, S., 1998. Resources, transactions, and rents: Managing value through interfirm collaborations. *Organization Science*, 9:326—339.

[126]Mason, R., Drakeman, D. L., 2014. Comment on "Fishing for sharks: Partner selection in biopharmaceutical R&D alliances" by Diestre and Rajagopalan. *Strategic Management Journal*, 35:1564—1565.

[127]McEvily, B., Zaheer, A., 1999. Bridging ties: A source of firm

heterogeneity in competitive capabilities. *Strategic Management Journal*, 20:1133—1156.

[128] Minbaeva, D., Park, C., Vertinsky, I., Cho, Y. S., 2018. Disseminative capacity and knowledge acquisition from foreign partners in international joint ventures. *Journal of World Business*, 53(5):712—724.

[129] Mitsuhashi, H., Min, J., 2016. Embedded networks and suboptimal resource matching in alliance formations. *British Journal of Management*, 27:287—303.

[130] Ng, R., 2015. *Drugs: From Discovery to Approval*. 3rd ed. Wiley-Blackwell.

[131] Nicholls-Nixon, C. L., Woo, C. Y., 2003. Technology sourcing and output of established firms in a regime of encompassing technological change. *Strategic Management Journal*, 24:651—666.

[132] Nielsen, B. B., 2010. Strategic fit, contractual, and procedural governance in alliances. *Journal of Business Research*, 63:682—689.

[133] Nooteboom, B., 2004. Governance and competence: How can they be combined? *Cambridge Journal of Economics*, 28:505—526.

[134] Oh, Y., Lee, J., 2017. When do firms enter a repeated partnership? The effect of contract terms and relative partner characteristics. *Management Decision*, 55(10):2237—2255.

[135] Owen, S., Yawson, A., 2015. R&D intensity, cross-border strategic alliances, and valuation effects. *Journal of International Financial Markets, Institutions and Money*, 35:1—17.

[136] Oxley, J. E., 1999. Institutional environment and the mecha-

nisms of governance: The impact of intellectual property protection on the structure of inter-firm alliances. *Journal of Economic Behavior and Organization*, 38:283—309.

[137]Oxley, J. E., Sampson, R. C., 2004. The scope and governance of international R&D alliances. *Strategic Management Journal*, 25:723—749.

[138]Pahnke, E. C., McDonald, R., Wang, D., Hallen, B., 2015. Exposed: Venture capital, competitor ties, and entrepreneurial innovation. *Academy of Management Journal*, 58:1334—1360.

[139]Park, S. H., Chen, R., Gallagher, S., 2002. Firm resources as moderators of the relationship between market growth and strategic alliances in semiconductor start-ups. *Academy of Management Journal*, 45:527—545.

[140]Park, S. H., Russo, M. V., 1996. When competition eclipses cooperation: An event history analysis of joint venture failure. *Management Science*, 42(6):875—890.

[141]Phelps, C. C., 2010. A longitudinal study of the influence of alliance network structure and composition on firm exploratory innovation. *Academy of Management Journal*, 53:890—913.

[142]Phene, A., Tallman, S., 2014. Knowledge spillovers and alliance formation. *Journal of Management Studies*, 51:1058—1090.

[143]Pisano, P. G., 1997. R&D performance, collaborative arrangements, and the market-for-know-how: A test of the 'lemons' hypothesis in biotechnology. Harvard Business School, Working paper No. 97—105.

[144]Podolny, J. M., 1994. Market uncertainty and the social character of economic exchange. *Administrative Science Quarterly*, 39(3): 458—483.

[145]Powell, W. W., Koput, K. W., Smith-Doerr, L., 1996. Interorganizational collaboration and the locus of innovation: Networks of learning in biotechnology. *Administrative Science Quarterly*, 41: 116—145.

[146]Quintana-García, C., Benavides-Velasco, C., 2004. Cooperation, competition, and innovative capability: A panel data of European dedicated biotechnology firms. *Technovation*, 24 (12): 927—938.

[147]Rahman, N., Korn, H. J., 2010. Alliance structuring behavior: Relative influence of alliance type and specific alliance experience. *Management Decision*, 48(5): 809—825.

[148]Reagans, R., McEvily, B., 2003. Network structure and knowledge transfer: The effects of cohesion and range. *Administrative Science Quarterly*, 48: 240—267.

[149]Reuer, J., Ariño, M. A., 2007. Strategic alliance contracts: Dimensions and determinants of contractual complexity. *Strategic Management Journal*, 28(3): 313—330.

[150]Richardson, G. B., 1972. The organization of industry. *Economic Journal*, 82: 883—896.

[151]Ritala, P., Hurmelinna-Laukkanen, P., Blomqvist, K., 2009. Tug of war in innovation: Coopetitive service development. *International Journal of Services Technology and Management*, 12 (3): 255—272.

[152]Robinson, D. T. and Stuart, T. E., 2007. Network effects in the

governance of strategic alliances. *Journal of Law, Economics, and Organization*, 23: 242—273.

[153] Roijakkers, N., Hagedoorn, J., 2006. Inter-firm R&D partnering in pharmaceutical biotechnology since 1975: Trends, patterns, and networks. *Research Policy*, 35: 431—446.

[154] Roijakkers, N., Hagedorn, J., Kranenburg, H. V., 2005. Dual market structures and the likelihood of repeated ties: Evidence from pharmaceutical biotechnology. *Research Policy*, 34: 235—245.

[155] Rosenkopf, L. Padula, G., 2008. Investigating the microstructure of network evolution: Alliance formation in the mobile communications industry. *Organization Science*, 19: 669—687.

[156] Rothaermel, F. T., 2001. Incumbent's advantage through exploiting complementary assets via interfirm cooperation. *Strategic Management Journal*, 22: 687—699.

[157] Rothaermel, F. T., Boeker, W., 2008. Old technology meets new technology: Complementarities, similarities, and alliance formation. *Strategic Management Journal*, 29: 47—77.

[158] Rothaermel, F. T., Deeds, D. L., 2004. Exploration and exploitation alliances in biotechnology: A system of new product development. *Strategic Management Journal*, 25: 201—221.

[159] Rothaermel, F. T., Deeds, D. L., 2006. Alliance type, alliance experience, and alliance management capability in high-technology ventures. *Journal of Business Venturing*, 21: 429—460.

[160] Rothaermel, F. T., Hess, A. M., 2007. Building dynamic capa-

bilities: Innovation driven by individual-, firm-, and network-level effects. *Organization Science*, 18: 898—921.

[161] Rowley, T., Behrens, D., Krackhardt, D., 2000. Redundant governance structures: An analysis of structural and relational embeddedness in the steel and semiconductor industries. *Strategic Management Journal*, 21: 369—386.

[162] Ryu, W., McCann, B. T., Reuer, J. J., 2018. Geographic co-location of partners and rivals: Implications for the design of R&D alliances. *Academy of Management Journal*, 61: 945—965.

[163] Salman, N., Saives, A., 2005. Indirect networks: An intangible resource for biotechnology innovation. *R&D Management*, 35: 203—215.

[164] Sampson, R. C., 2004. Organizational choice in R&D alliances: Knowledge-based and transaction cost perspectives. *Managerial and Decision Economics*, 25: 421—436.

[165] Sampson, R. C., 2007. R&D alliances and firm performance: The impact of technological diversity and alliance organization on innovation. *Academy of Management Journal*, 50: 364—386.

[166] Schilling, M. A., 2009. Understanding the alliance data. *Strategic Management Journal*, 30: 233—260.

[167] Schilling, M. A., Phelps, C. C., 2007. Interfirm collaboration networks: The impact of large-scale network structure on firm innovation. *Management Science*, 53: 1113—1126.

[168] Schmiedeberg, C., 2008. Complementarities of innovation activities: An empirical analysis of the German manufacturing sector. *Research

Policy,37:1492—1503.

[169]Shan, W., Walker, G., Kogut, B., 1994. Interfirm cooperation and startup innovation in the biotechnology industry. *Strategic Management Journal*,15:387—394.

[170]Solinas, G., Meloso, D., Banal-Estañol, A., Seldeslachts, J., Kretschmer, T., 2022. Competition, formal governance and trust in alliances:An experimental study. *Long Range Planning*,55(5):Article 102—240.

[171]Sorensen, J. B., Stuart, T. E., 2000. Aging, obsolescence, and organizational innovation. *Administrative Science Quarterly*,45:81—112.

[172]Sorenson, O., Stuart, T. E., 2008. Bringing the context back in: Settings and the search for syndicate partners in venture capital investment networks. *Administrative Science Quarterly*,53:266—294.

[173]Spender, J-C., 1992. Limits to learning from the West:How western management advice may prove limited in Eastern Europe. *The International Executive*,34:389—410.

[174]Stuart, T. E., Hoang, H., Hybels, R. C., 1999. Interorganizational endorsements and the performance of entrepreneurial ventures. *Administrative Science Quarterly*,44:315—349.

[175]Stuart, T. E., Ozdemir, S. Z., Ding, W. W., 2007. Vertical alliance networks:The case of university-biotechnology-pharmaceutical alliance chains. *Research Policy*,36:477—498.

[176]Tatarynowicz, A., Sytch, M., Gulati, R., 2016. Environmental demands and the emergence of social structure:Technological dynamism

and interorganizational network forms. *Administrative Science Quarterly*, 61(1):52—86.

[177] Teece, D. J., 1992. Competition, cooperation, and innovation: Organizational arrangements for regimes of rapid technological progress. *Journal of Economic Behavior and Organization*, 18:1—25.

[178] Teece, D. J., 2007. Explicating dynamic capabilities: The nature and microfoundations of (sustainable) enterprise performance. *Strategic Management Journal*, 28:1319—1350.

[179] Vanhaverbeke, W., Gilsing, V., Beerkens, B., Duysters, G., 2009. The role of alliance network redundancy in the creation of core and non-core technologies. *Journal of Management Studies*, 46:215—244.

[180] Vanhaverbeke, W., Gilsing, V., Duysters, G., 2012. Competence and governance in strategic collaboration: The differential effect of network structure on the creation of core and noncore technology. *Journal of Production Innovation Management*, 29:784—802.

[181] Vassolo, R. S., Anand, J., Folta, T. B., 2004. Non-additivity in portfolios of exploration activities: A real options-based analysis of equity alliances in biotechnology. *Strategic Management Journal*, 25:1045—1061.

[182] Vasudeva, G., Anand, J., 2011. Unpacking absorptive capacity: A study of knowledge utilization from alliance portfolios. *Academy of Management Journal*, 54(3):611—623.

[183] Vega-Jurado, J., Gutiérrez-Gracia, A., Fernández-de-Lucio, I., 2009. Does external knowledge sourcing matter for innovation? Evidence

from the Spanish manufacturing industry. *Industrial and Corporate Change*,18:637—670.

[184]Vivona,R.,Demircioglu,M. A.,Audretsch,D. B.,2023. The cost of collaborative innovation. *The Journal of Technology Transfer*,48:873—899.

[185]Walker,G.,Kogut,B.,Shan,W.,1997. Social capital,structural holes,and the formation of an industry network. *Organization Science*,8:109—125.

[186]Walter,S. G.,Walter,A.,Müller,D.,2015. Formalization,communication quality,and opportunistic behavior in R&D alliances between competitors. *Journal of Production Innovation Management*,32(6):954—970.

[187]Wang,C-H.,2011. The moderating role of power asymmetry on the relationships between alliance and innovative performance in the high-tech industry. *Technological Forecasting and Social Change*,78:1268—1279.

[188]Wang,N.,Hagedoorn,J.,2014. The lag structure of the relationship between patenting and internal R&D revisited. *Research Policy*,43(8):1275—1285.

[189]Whittington,K. B.,Owen-Smith,J.,Powell,W. W.,2009. Networks,propinquity and innovation in knowledge-intensive industries. *Administrative Science Quarterly*,54:90—122.

[190]Winkelmann,R.,2008. *Econometric Analysis of Count Data*. 5th ed. Berlin:Springer-Verlag.

[191]Xia,J.,2011. Mutual dependence,partner substitutability,and repeated partnership: The survival of cross-border alliances. *Strategic Management Journal*,32(3):229−253.

[192]Xie,F.,Zhang,B.,Zhang,W.,2021. Trust,incomplete contracting,and corporate innovation. Management Science,68(5):3419−3443.

[193]Xu,S.,Fenik,A. P.,Shaner,M. B.,2014. Multilateral alliances and innovation output: The importance of equity and technological scope. *Journal of Business Research*,67:2403−2410.

[194]Yuan,X.,Guo,Z.,Lee,J. W.,2020. Good connections with rivals may weaken a firm's competitive practices: The negative effect of competitor ties on market orientation practices and innovative performance. *Asia Pacific Journal of Management*,37:693−718.

[195]Zaheer,A.,Bell,G. G.,2005. Benefiting from network position: Firm capabilities, structural holes, and performance. *Strategic Management Journal*,26:809−825.

[196]Zhang,Y.,Li,H.,2010. Innovation search of new ventures in a technology cluster: The role of ties with service intermediaries. *Strategic Management Journal*,31:88−109.

[197]Zhelyazkov,P. I.,2018. Interactions and interests:Collaboration outcomes,competitive concerns,and the limits to triadic closure. *Administrative Science Quarterly*,63(1):210−247.

[198]曹霞,宋琪.2016.产学合作网络中企业关系势能与自主创新绩效——基于地理边界拓展的调节作用[J].科学学研究,34(7):1065−1075.

[199]党兴华,常红锦.2013.网络位置、地理邻近性与企业创新绩效——一个交互效应模型[J].科研管理,34(3):7—30.

[200]胡明洞.2019.生物医药大时代[M].社会科学文献出版社.

[201]李晨蕾,柳卸林,朱丽.2017.国际研发联盟网络结构对企业创新绩效的影响研究——基于社会资本视角[J].科学学与科学技术管理,38(1):52—61.

[202]钱锡红,徐万里,杨永福.2010.企业网络位置、间接联系与创新绩效[J].中国工业经济,2:78—88.

[203]孙笑明,崔文田,崔芳,董劲威.2014a.当前合作网络结构对关键研发者创造力的影响[J].管理工程学报,28(1):48—55.

[204]孙笑明,崔文田,王乐.2014b.结构洞与企业创新绩效的关系研究综述[J].科学学与科学技术管理,35(11):142—152.

[205]王巍,崔文田,孙笑明,汤小莉.2017.知识范围和间接连接对关键研发者创造力的影响[J].预测,36(5):36—42.

[206]应洪斌.2016.结构洞对产品创新绩效的作用机理研究——基于知识搜索与转移的视角[J].科研管理,37(4):9—15.

[207]张宝建,胡海青,张道宏.2011.企业创新网络的生成与进化——基于社会网络理论的视角[J].中国工业经济,4:117—126.

[208]张宝建,孙国强,裴梦丹,齐捧虎.2015.网络能力、网络结构与创业绩效——基于中国孵化产业的实证研究[J].南开管理评论,18(2):39—50.

[209]章丹,胡祖光.2013.网络结构洞对企业技术创新活动的影响研究[J].科研管理,34(6):34—41.

[210]张晓黎,覃正.2013.知识基础与合作关系网络对核心技术创新

绩效的影响[J].华东经济管理,27(9):120—124.

[211]张悦,梁巧转,范培华.2016.网络嵌入性与创新绩效的 Meta 分析[J].科研管理,37(11):80—88.

[212]赵炎,刘忠师.2012.联盟中企业网络位置与资源位置对创新绩效影响的实证研究——基于中国化学药品行业联盟的分析[J].研究与发展管理,24(5):73—82.

[213]赵炎,王冰,郑向杰.2015.联盟创新网络中企业的地理邻近性、区域位置与网络结构特征对创新绩效的影响——基于中国通讯设备行业的实证分析[J].研究与发展管理,27(1):124—131.

[214]郑方,彭正银.2017.基于关系传递的结构嵌入演化与技术创新优势——一个探索性案例研究[J].科学学与科学技术管理,38(1):120—133.